江西省气象行政执法手册

江西省气象局 编

气象出版社
China Meteorological Press

内容简介

本书从实用角度出发，依据最新法律、法规，对气象行政执法各个相关环节进行了梳理和规范，既是指导和规范气象行政执法的实用手册，也是气象工作者进行法律学习的“教科书”。本书共五章，分别对气象行政检查、气象行政处罚、气象行政执法监督、气象行政执法注意事项和气象行政执法文书制作五个方面的流程、标准、注意事项等进行了规范。此外，还统一了气象行政执法文书格式文本。本书可作为气象行政执法人员的实用工具书，也可供气象行政法规部门和相关人员参考使用。

图书在版编目（CIP）数据

江西省气象行政执法手册 / 江西省气象局编. -- 北京 : 气象出版社, 2021.10
ISBN 978-7-5029-7560-9

Ⅰ. ①江… Ⅱ. ①江… Ⅲ. ①气象－工作－行政执法－江西－手册 Ⅳ. ①D922.17-62

中国版本图书馆CIP数据核字(2021)第192327号

江西省气象行政执法手册
Jiangxi Sheng Qixiang Xingzheng Zhifa Shouce

出版发行：气象出版社
地　　址：北京市海淀区中关村南大街 46 号　　**邮政编码**：100081
电　　话：010-68407112(总编室)　010-68408042(发行部)
网　　址：http://www.qxcbs.com　　**E-mail**：qxcbs@cma.gov.cn
责任编辑：张　媛　　**终　　审**：吴晓鹏
责任校对：张硕杰　　**责任技编**：赵相宁
封面设计：地大彩印设计中心
印　　刷：北京中石油彩色印刷有限责任公司
开　　本：710 mm×1000 mm　1/16　　**印　　张**：6.5
字　　数：131 千字
版　　次：2021 年 10 月第 1 版　　**印　　次**：2021 年 10 月第 1 次印刷
定　　价：40.00 元

《江西省气象行政执法手册》
编委会

主　　编：张显真

副 主 编：万贵珍　李美华　王晓昌

参编人员：高　婵　王　海　吴　玲　刘　乐

序

气象行政执法是气象主管机构履行气象行政管理职能、加强气象社会治理的重要方式。《中华人民共和国气象法》颁布实施 20 多年来，各级气象主管机构在执法实践中积累了大量经验，取得了明显成效，但不懂执法、不会执法、随意执法、畏惧执法的现象也不同程度存在。面对法治政府建设不断深入、“放管服”改革深入推进的新形势、新要求，亟待提升气象行政执法队伍的整体素养和执法水平。

党的十九届四中全会作出坚持和完善中国特色社会主义制度、推进国家治理体系和治理能力现代化若干重大问题的决定，提出要坚持和完善中国特色社会主义法治体系，提高党依法治国、依法执政能力。党的十八大以来，习近平总书记多次强调必须坚持严格执法，切实维护公共利益、人民权益和社会秩序。严格规范气象行政执法行为，提升气象社会治理能力，对于切实维护行政相对人的合法权益和社会安全稳定，具有十分重要的意义。

2019 年，《国务院办公厅关于全面推行行政执法公示制度执法全过程记录制度重大执法决定法制审核制度的指导意见》，对行政执法工作提出了明确规范要求。江西省气象局全面落实行政执法“三项制度”，组织编印《江西省气象行政执法手册》，为基层行政执法人员提供实用工具和“保姆式”服务，非常必要，非常重要。《江西省气象行政执法手册》内容完整、清晰、实用，是一本很好的实用手册。

中国气象局副局长

2021 年 1 月于北京

前　言

《中华人民共和国气象法》颁布实施20多年来，江西省各级气象主管机构依法履行职责，积极开展气象探测环境、防雷减灾、施放气球等气象行政执法，有力推动了气象法律、法规的实施，有效规范了社会气象活动。随着“放管服”改革的深入推进，“互联网＋监管”“双随机、一公开”工作的常态化开展，以及行政执法“三项制度”的推进实施，对气象行政执法提出了更高要求，现有的气象行政执法队伍素质难以满足需要。为全面落实行政执法“三项制度”，严格规范行政执法行为，大力提升气象社会治理能力和水平，江西省气象局组织编制了《江西省气象行政执法手册》（以下简称《手册》）。

《手册》侧重从气象行政检查、行政处罚、行政执法监督、行政执法注意事项以及行政执法文书制作五个方面，结合工作实际和实践，对相应环节的工作流程进行了详细梳理，列出各环节重点、难点，力求成为气象行政检查、行政处罚、行政执法监督的“教科书”。

《手册》编制得到广东省气象局政策法规处的大力支持，中国气象局政策法规司、江西省人大农委、江西省人大法工委、江西省司法厅相关领导与专家对《手册》提出了很多很好的意见和建议，江西省赣州市气象局梅松峰、萍乡市气象局徐善玲、上饶市气象局赵鹏、南昌市气象局洪闽对《手册》也有贡献，在此一并表示感谢！

由于编者水平有限，《手册》难免存在疏漏不当之处，欢迎大家批评指正，提出完善、修改建议，以便持续改进。

编者

2021年1月

目　录

第一章　气象行政检查

第一节　气象行政检查定义

气象行政检查是县级以上气象主管机构依据法定职权，对行政管理相对人遵守气象法律、法规、规章，执行行政命令、决定的情况，进行检查、了解、监督的行政行为，它和气象行政许可、气象行政强制、气象行政处罚、气象行政奖励构成气象行政执法的主要内容。

气象行政检查一般有以下几种方法：

1.检查：包括综合检查、专题检查；全面检查、抽样检查；定期检查、临时检查；现场检查等。

2.调阅审查：指对有关文件、证件、报表、账册等进行审查。

3.调查：有一般调查、立案调查、联合调查、专题调查、现场调查等。

4.查验：对行政管理相对人某种证件或物品进行检查、核对，以确认相应证件、物品的真伪和从中发现相关的问题，以实现行政检查的目的。

5.检验：行政主体或行政主体委托其他技术性机构对行政管理相对人的某种物品进行检查、鉴别，以确定相应物品是否符合标准等。

6.鉴定：指行政主体或行政主体委托其他技术性机构对行政管理相对人的某种物品或材料、证件等进行鉴别、评定，以确定真伪、优劣、等级等。

7.勘验：指行政主体或行政主体委托其他组织对行政管理相对人实施某种行为的场地进行实地查看，了解相应行为的现场情况，以确定有关个人、组织是否参与了相应行为以及参与者的责任情况。

8.登记：指行政主体要求行政管理相对方就某特定事项向其申报、说明，由行政主体记录在册的行为。

9.统计：是行政主体通过统计数据了解相对方情况的一种监督方法等。

第二节　气象行政检查工作流程

一、气象行政检查前工作流程

1. 制订检查计划，确定检查范围、检查内容和检查方式。

2. 按计划抽取执法人员和检查对象。对抽查过的检查对象，原则上不再列入当年抽查名单；对投诉举报多、有重大安全隐患、整改不到位、不接受气象主管机构监管的，可适当加大抽查比例和频次。

3. 实施检查前，应提前三个工作日通知行政管理相对人（有可能造成证据灭失或损毁的除外）。

4. 检查人员必须熟悉行政法律规范及相关业务技术，提前准备取证器材、法律文书等，包括：

(1)行政检查的法律依据。

(2)行政执法检查表、行政执法文书。

(3)执法设备：执法记录仪、录音笔、照相机等。

(4)行政执法证件。

(5)相关法律、法规单行本及科普宣传资料。

(6)笔记本电脑、便捷式打印机。

(7)其他需要携带的资料和物品。

二、气象行政检查中工作流程

1. 检查过程中，检查人员不少于两人，应当表明身份说明来意，并主动出示行政执法证件。

2. 检查过程中，检查人员要按照行政执法检查有关规定开展现场检查，可以采取听汇报、查阅资料、勘查现场、询问有关人员、现场抽测等方式进行检查，做好文字及音像记录，文字记录需各方签名确认。现场抽测时不得收取检验、检测费。

3. 如发现涉嫌违反气象法律、法规的违法行为，可以先行收集证据，填写《涉嫌违法信息登记表》，现场制作《现场勘查笔录》及其他取证文书，如出现证据可能灭失或者以后难于取得的情况，经本级气象主管机构负责人批准，可先行证据登记保存，如实填写《证据登记保存审批表》，并应当在七日内作出处理决定。

4. 存在安全生产隐患轻微，现场可以及时纠正或立即排除隐患的，气象主管机构应当监督其改正。

5. 在检查过程中发现被检单位存在较大安全隐患的，当地气象主管机构应当下达《责令整改通知书》责令其整改，限期未整改到位的，应函告相关行业主管部门。

6.检查完成后应当将检查结果和处理意见现场给予反馈，因特殊原因不能及时反馈的，应当于五个工作日内以书面形式告知相对人。

三、气象行政检查后工作流程

1.行政检查结束后，及时跟踪整改情况（如提供相关佐证材料或回头看），形成闭环。

2.检查过程中的相关文字、音像记录及时整理归档，录入相关系统平台。

3.对涉嫌违反气象法律、法规的，当地气象主管机构应当按如图1.1所示的气象行政处罚程序办理。

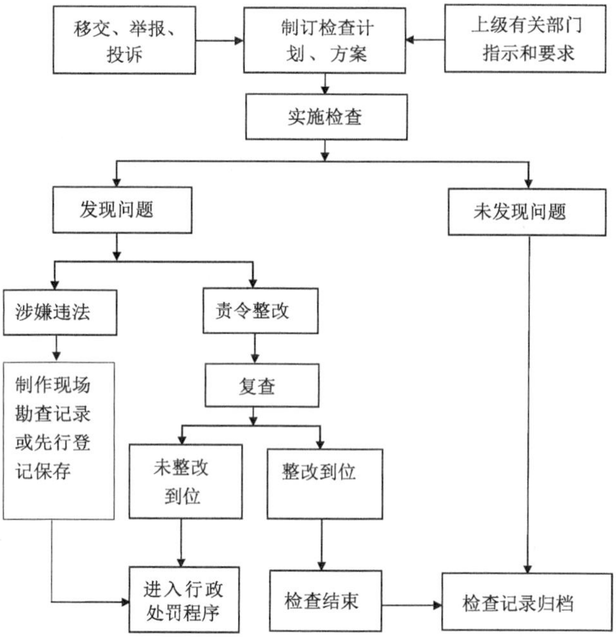

图1.1　气象行政检查流程

第三节　气象行政检查事项及检查内容

气象行政检查事项、依据及主要内容如表1.1所示。

表1.1　气象行政检查事项、依据及主要内容

序号	事项名称	检查依据	主要检查内容
1	对雷电灾害防御工作的行政检查	《中华人民共和国气象法》《气象灾害防御条例》《江西省实施〈中华人民共和国气象法〉办法》《江西省气象灾害防御条例》《防雷减灾管理办法》《江西省雷电灾害防御办法》《防雷安全检查规程》(QX/T 400—2017)	1.雷电防护装置:主要检查是否存在应当安装雷电防护装置而未安装的,已安装的雷电防护装置是否符合使用要求;已有雷电防护装置是否委托有相应资质的雷电防护装置检测机构进行定期检测,并接受当地气象主管机构和当地人民政府安全生产管理部门的管理和监督检查;最近一次检测时间,检测结果是否合格,不合格的雷电防护装置是否进行及时整改。 2.安全责任:是否指定专人负责做好雷电防护装置的日常维护工作,并明确雷电防护安全管理职责;是否建立雷电灾情报告制度和雷电防护相关安全管理制度,是否存在对重大雷电灾害事故隐瞒不报;是否开展雷电防护安全隐患排查,并建立雷电防护装置隐患整改台账;是否建立有效预警信息接收和响应机制;是否制订雷电灾害应急预案,并组织演练;是否开展雷电灾害防御科普知识宣传及教育培训。
2	对雷电防护装置检测单位的行政检查	《气象灾害防御条例》《雷电防护装置检测资质管理办法》《雷电防护装置检测单位监督检查规范》(QX/T 402—2017)	1.资质管理:核查《雷电防护装置检测资质证》是否在有效期内;是否在资质等级范围内开展雷电防护装置检测活动;是否存在转包或者违法分包的行为;是否存在伪造、涂改、出租、出借、挂靠、转让雷电防护装置检测资质证的行为;单位名称、地址、法定代表人等发生变更的,在法人登记机关变更登记后三十个工作日内,是否向原资质认定机构申请办理资质证变更手续;如发生合并、分立以及注册地跨省、自治区、直辖市变更的,是否按照程序及时向省气象主管机构申请核定资质。 2.人员管理:核查雷电防护装置检测能力的专业技术人员技术职称证书、身份证明、劳动合同及社会保险关系是否与许可材料一致;是否存在使用不符合条件的雷电防护装置检测人员的行为;专业技术人员是否同时在两个以上雷电防护装置检测资质单位兼职从业。 3.活动管理:核查雷电防护装置检测单位及其人员从事雷电防护装置检测活动时是否遵守国家有关技术规范和标准,是否按照安全生产管理制度和雷电防护装置检测质量管理手册要求开展检测活动;核查仪器设备是否齐全,是否在检定有效期内;核查雷电防护装置检测报告内容是否

续表

序号	事项名称	检查依据	主要检查内容
			全面，引用的标准、检测结论是否正确；是否存在伪造检测数据、提供虚假检测报告的行为；开展现场检测时是否有两名以上具备雷电防护装置检测能力的人员参加；是否存在分支机构出具雷电防护装置检测报告的行为；在资质有效期内每年的第二季度是否向资质认定机构报送年度报告；雷电防护装置检测单位设立分支机构或者跨省、自治区、直辖市从事雷电防护装置检测活动，是否及时向省气象主管机构报告，并报送检测项目清单，接受监管；核查雷电防护装置检测单位是否与其检测项目的设计、施工、监理单位以及所使用的防雷产品生产、销售单位有隶属关系或者其他利害关系；是否存在不配合气象主管机构监督检查的行为；是否存在向监督检查机构隐瞒有关情况、提供虚假材料或者拒绝提供反映其活动情况的真实材料的行为。
3	对建设单位防雷装置设计审核和竣工验收许可情况的行政检查(油库、气库、弹药库、化学品仓库和烟花爆竹、石化等易燃易爆建设工程和场所；雷电易发区内的矿区、旅游景点或者投入使用的建(构)筑物、设施等需要单独安装雷电防护装置的场所；雷电风险高且没有防雷标准规范、需要进行特殊论证的大型项目)	《气象灾害防御条例》《江西省实施〈中华人民共和国气象法〉办法》《雷电防护装置设计审核和竣工验收规定》《江西省雷电灾害防御办法》《防雷安全检查规程》(QX/T 400—2017)	1. 许可管理(雷电防护装置设计审核)：核查建设单位是否取得气象主管机构出具的《雷电防护装置设计核准意见书》，是否存在未经气象主管机构核准，擅自施工的行为；是否存在以欺骗、贿赂等手段提出申请或者通过许可的行为；是否存在涂改、伪造雷电防护装置设计审核有关材料或者文件的行为；是否存在隐瞒有关情况、提供虚假材料申请设计审核许可的行为；是否在雷电防护装置设计、施工中弄虚作假。 2. 许可管理(雷电防护装置竣工验收)：核查建设单位是否取得气象主管机构出具的《雷电防护装置验收意见书》，是否存在以欺骗、贿赂等手段提出申请或者通过许可的行为；是否存在涂改、伪造雷电防护装置竣工验收有关材料或者文件；是否存在隐瞒有关情况、提供虚假材料申请竣工验收许可的行为；是否存在雷电防护装置未经竣工验收或者竣工验收不合格交付使用的行为。 3. 现场核查(雷电防护装置竣工验收)：核查安装的雷电防护装置是否按照核准的施工图完成施工；是否符合国家有关标准和国务院气象主管机构规定的使用要求。
4	对气象灾害防御重点单位的行政检查	《江西省气象灾害防御条例》《防雷安全检查规程》(QX/T 400—2017)	1. 能力建设：核查是否根据实际建设气象灾害防御设施并进行维护。 2. 组织体系建设：核查是否明确气象灾害防御责任部门、责任人员及其责任。

续表

序号	事项名称	检查依据	主要检查内容
			3.应急体系建设:核查是否制订、完善气象灾害应急预案,或本单位综合应急预案中包含气象灾害防御内容;核查是否根据预案开展气象灾害应急演练。 4.预警信息接收和传播:核查是否至少有1种渠道接收气象灾害预报预警信息;核查是否能及时传播气象灾害预警信息并采取应急处置措施。 5.防御知识宣传:核查是否对相关岗位的员工进行气象灾害防御知识培训,是否开展气象灾害防御知识宣传。 6.定期巡查制度建设:核查是否建立对气象灾害防御重点部位的管理情况、气象灾害隐患整改及防范措施的落实情况等制度并实施。 7.档案管理:核查是否及时将本单位风险部位、体制机制建设、培训和演练、隐患排查和整改记录、气象灾害发生和应急处置情况等资料进行统一归档。
5	对升放无人驾驶自由气球、系留气球单位的行政检查	《通用航空飞行管制条例》《升放气球管理办法》	1.资质管理:核查升放无人驾驶自由气球、系留气球单位是否取得《升放气球资质证》,并在有效期内;是否隐瞒有关情况、提供虚假材料申请资质认定;是否以欺骗、贿赂等不正当手段取得资质;是否有涂改、伪造、倒卖、出租、出借、挂靠、转让《升放气球资质证》或者许可文件;是否向监督检查机构隐瞒有关情况、提供虚假材料或者拒绝提供反映其活动情况的真实材料;是否按期提交年度报告或者提交的年度报告存在虚假内容。 2.人员管理:核查作业人员、技术人员是否遵守有关技术规范、标准和规程;是否定期对作业人员进行安全操作培训。 3.安全管理:核查储运气体及充灌、回收气球是否严格遵守消防、危险化学品安全使用管理等有关规定;升放气球的地点是否与高大建筑物、树木、架空电线、通信线和其他障碍物保持安全的距离,避免碰撞、摩擦和缠绕等;在升放气球的球体及其附属物上是否设置识别标志;升放气球是否符合适宜的气象条件;系留气球升放的高度是否高于地面150米,但是低于距其水平距离50米范围内建筑物顶部的除外;升放系留气球是否确保系留牢固;系留气球升放的高度超过地面50米的,是否加装快速放气装置;升放气球是否由取得《升放气球资质证》单位的作业人员进行操作,现场是否有专人值守,以预防和处理意外情况。

续表

序号	事项名称	检查依据	主要检查内容
6	对升放无人驾驶自由气球、系留气球活动的行政检查	《通用航空飞行管制条例》《升放气球管理办法》	1.资质管理:核查利用气球开展各种活动的单位和个人是否委托具有《升放气球资质证》的单位升放系留气球或者无人驾驶自由气球;申请单位是否隐瞒有关情况、提供虚假材料申请升放活动许可;被许可单位是否以欺骗、贿赂等不正当手段取得升放活动许可;是否向监督检查机构隐瞒有关情况、提供虚假材料或者拒绝提供反映其活动情况的真实材料。 2.人员管理:核查升放气球是否由取得《升放气球资质证》单位的作业人员进行操作,作业人员是否遵守有关技术规范、标准和规程。 3.安全管理:储运气体及充灌、回收气球是否严格遵守消防、危险化学品安全使用管理等有关规定;升放气球的地点是否与高大建筑物、树木、架空电线、通信线和其他障碍物保持安全的距离,避免碰撞、摩擦和缠绕等;在升放气球的球体及其附属物上是否设置识别标志;升放气球是否符合适宜的气象条件;系留气球升放的高度是否高于地面150米,但是低于距其水平距离50米范围内建筑物顶部的除外;升放系留气球是否确保系留牢固;系留气球升放的高度超过地面50米的,是否加装快速放气装置;现场是否有专人值守,以预防和处理意外情况。 4.活动管理:核查是否未经批准擅自升放;升放气球的时间、地点、种类和数量等是否与所批准的内容相符合;是否按照规定设置识别标志;是否及时报告异常升放动态或者系留气球意外脱离时按照规定及时报告;是否在规定的禁止区域内升放;是否在安全事故发生后隐瞒不报、谎报、故意迟延不报、故意破坏现场,或者拒绝接受调查以及拒绝提供有关情况和资料;是否存在违反升放气球安全要求的其他行为。
7	对气象设施保护情况的行政检查	《中华人民共和国气象法》《气象设施和气象探测环境保护条例》《江西省实施〈中华人民共和国气象法〉办法》《气象探测环境和设施保护办法》	核查是否存在侵占、损毁、擅自移动气象设施或者侵占气象设施用地的行为;是否存在气象设施周边进行危及气象设施安全的爆破、钻探、采石、挖砂、取土等活动;是否存在挤占、干扰依法设立的气象无线电台(站)、频率的行为;是否存在设置影响大型气象专用技术装备使用功能的干扰源的行为;是否存在法律、行政法规和国务院气象主管机构规定的其他危害气象设施的行为。

续表

序号	事项名称	检查依据	主要检查内容
8	对气象探测环境保护范围内建设单位的行政检查	《中华人民共和国气象法》《气象设施和气象探测环境保护条例》《气象探测环境和设施保护办法》	1. 规划管理：主要检查建设项目规划许可证，核查是否取得避免危害气象探测环境行政审批决定书。 2. 施工管理：对建设工程项目进行实地勘验，检查是否按气象主管机构批准同意的要求进行施工。
9	对气象台站迁建许可活动的行政检查	《中华人民共和国气象法》《气象设施和气象探测环境保护条例》《江西省实施〈中华人民共和国气象法〉办法》《气象探测环境和设施保护办法》	1. 许可证管理：核查气象台站迁建是否取得气象台站迁建许可证；核查气象台站迁建许可证的许可期限是否在有效期范围内；核查气象台站迁建新址与许可证上登记的地址是否一致。 2. 环境管理：核查气象台站拟迁新址的气象探测环境是否与许可申请材料一致。 3. 建设管理：核查气象台站拟迁新址是否具备必要的供电、供水、交通、通信等基础条件；核查气象台站观测场地、探测设施、业务用房和辅助用房的建设是否与许可申请时的规划一致。
10	对气候资源保护和利用工作的行政检查	《中华人民共和国气象法》《江西省实施〈中华人民共和国气象法〉办法》《江西省气候资源保护和利用条例》	气候资源保护和利用是否符合气候资源保护和利用规划；城乡规划、重点领域或者区域发展建设规划，重大基础设施、公共工程和大型工程建设项目，国家或者省重点建设工程、重大区域性经济开发项目，区域农业结构调整建设项目，大型太阳能、风能等气候资源开发利用项目是否开展气候可行性论证。
11	对组织、机构从事气候可行性论证活动的行政检查	《中华人民共和国气象法》《江西省实施〈中华人民共和国气象法〉办法》《江西省气候资源保护和利用条例》《气候可行性论证管理办法》	1. 论证机构监督管理：是否具备相应论证能力；是否在气候可行性论证工作中玩忽职守、滥用职权、徇私舞弊。 2. 气象资料使用管理：使用的气象资料是否符合国家气象技术标准；是否伪造气象资料或者其他原始资料。 3. 气候可行性论证报告管理：是否出具虚假论证报告；报告书是否客观、真实、完整；是否涂改、伪造气候可行性论证报告书面评审意见。 4. 项目建设单位监管：应当进行气候可行性论证的建设项目是否进行了气候可行性论证；是否委托不具备气候可行性论证能力的机构进行气候可行性论证。 5. 项目规划监管：项目是否进行了气候可行性论证；是否对应当进行气候可行性论证但未实施的规划作出批准。

续表

序号	事项名称	检查依据	主要检查内容
12	对经批准从事气候可行性论证活动的境外组织、机构和个人的行政检查	《中华人民共和国气象法》《气候可行性论证管理办法》	1.活动管理:是否与国务院气象主管机构确认的论证机构合作进行,并经国务院气象主管机构批准;是否向省气象主管机构备案。 2.资料管理:使用的气象资料是否符合国家气象技术标准,是否伪造气象资料或者其他原始资料。 3.报告管理:是否出具虚假论证报告;报告书是否客观、真实、完整;是否涂改、伪造气候可行性论证报告书面评审意见。
13	对气象信息发布、传播的行政检查	《中华人民共和国气象法》《气象灾害防御条例》《江西省实施〈中华人民共和国气象法〉办法》《江西省气象灾害防御条例》《气象预报发布与传播管理办法》	核查是否擅自向社会发布灾害性天气警报、气象灾害预警信号;核查在传播时,是否擅自更改气象预报主要内容和结论;核查是否传播虚假气象预报;核查是否使用当地气象主管机构所属的气象台站提供的适时气象信息;核查在传播时,是否注明发布单位名称和发布时间;核查是否及时增播、插播、刊登、更新重要灾害性天气警报、气象灾害预警信号及公众气象预报。
14	对气象信息服务单位的行政检查	《中华人民共和国气象法》《气象信息服务管理办法》《气象信息服务监督检查规范》(QX/T 375—2017)	1.备案管理:核查是否在营业执照注册地的省级气象主管机构进行备案;核查营业执照、企业法人、主要技术人员信息、信息服务提供方式和范围说明等备案材料是否真实。 2.气象资料:核查是否使用气象主管机构所属气象台站提供或者能证明是其他合法渠道获得的气象资料;核查确需建站获取资料时,是否按规定向设区的市级以上气象主管机构备案;核查是否按规定汇交依法建站所获得的气象探测资料;核查是否履约使用气象资料,包括涉密气象资料或者还在保密期限内的气象资料。 3.业务规章制度:核查是否建立确保气象信息服务业务开展的规范、流程和管理制度。 4.技术标准规程:核查是否遵守气象有关技术标准、规范和规程。 5.其他情况:核查是否向社会发布公众气象预报、灾害性天气警报和气象灾害预警信号;核查是否冒用他人名义开展气象信息服务;核查在气象信息服务活动中是否有损害国家安全、公共利益和他人合法权益的行为;核查外国组织和个人是否有未经国务院气象主管机构批准,擅自从事气象信息服务活动的行为;核查是否存在擅自在国防及军事设施、军事敏感区域、尚未对外开放地区和其他涉及国家安全的区域设立气象探测站(点)行为。

续表

序号	事项名称	检查依据	主要检查内容
15	对气象信息服务单位开展气象探测活动的行政检查	《中华人民共和国气象法》《气象信息服务管理办法》	1. 备案管理：核查是否在营业执照注册地的省级气象主管机构进行备案；核查营业执照、企业法人、主要技术人员信息、信息服务提供方式和范围说明等备案材料是否真实。 2. 气象探测：核查确需建站获取资料时，是否将拟建气象探测站（点）的地理位置、经纬度坐标、探测气象要素类型、仪器设备、资料传输、存储方式、目的用途和探测时段相关信息报探测站（点）所在设区的市级以上气象主管机构备案；核查是否按规定汇交依法建站所获得的气象探测资料。 3. 业务规章制度：核查是否建立确保气象信息服务业务开展的规范、流程和管理制度。 4. 技术标准规程：核查是否遵守气象有关技术标准、规范和规程。 5. 其他情况：核查在气象信息服务活动中是否有损害国家安全、公共利益和他人合法权益的行为；核查是否存在擅自在国防及军事设施、军事敏感区域、尚未对外开放地区和其他涉及国家安全的区域设立气象探测站（点）的行为。
16	对涉外气象探测站（点）的行政检查	《涉外气象探测和资料管理办法》	1. 许可证管理：核查涉外气象探测站（点）设立是否取得涉外气象探测活动许可文件；核查涉外气象探测活动许可文件的许可期限是否在有效期范围内；核查设立涉外气象探测站（点）的中外合作各方基本情况与涉外气象探测活动许可文件是否一致。 2. 人员管理：核查在涉外气象探测站（点）工作的专业技术人员与涉外气象探测活动许可文件是否一致。 3. 建设管理：核查涉外气象探测站（点）建设地理位置、探测气象要素类型、仪器设备与涉外气象探测活动许可文件是否一致，是否向气象探测站（点）所在地的设区的市气象主管机构备案。 4. 活动管理：核查气象探测仪器设备是否符合国家安全的规定；核查涉外气象探测站（点）设备的资料传输、存储方式、探测地点、项目、时段与涉外气象探测活动许可文件是否一致；是否对正在进行的气象探测工作造成影响。 5. 资料管理：核查涉外气象探测站（点）探测资料的用途与涉外气象探测活动许可文件是否一致；核查设立涉外气象探测站（点）的中外合作各方是否按要求汇交所获得的气象探测资料；核查境外组织、机构和个人是否将所获取的气象探测资料及其加工产品转让、提供给第三方；核查境外组织、机构和个人是否实施或者指使、资助他人以非法手段收集、窃取气象资料；对于涉密的气象资料，是否履行保密义务和责任。

续表

序号	事项名称	检查依据	主要检查内容
17	对气象专用技术装备使用的行政检查	《中华人民共和国气象法》《气象专用技术装备使用许可管理办法》	核查购买、使用的气象专用技术装备是否具备《气象专用技术装备使用许可证》;《气象专用技术装备使用许可证》是否在有效期内;是否存在涂改、伪造、倒卖、出租、出借《气象专用技术装备使用许可证》的行为。
18	对行业气象台站执行标准、规范、规程等情况的行政检查	《中华人民共和国气象法》《江西省实施〈中华人民共和国气象法〉办法》《气象行业管理若干规定》	1. 标准执行情况:是否遵守国家制定的气象标准、规范和规程;气象台站建设是否符合建设标准和规范;是否汇交气象探测资料;气象专用技术装备使用是否合格。 2. 备案管理:新建气象台站、临时气象观测投入运行后三个月内,迁移或撤销后三个月内是否报省气象主管机构备案。 3. 信息发布管理:是否违规向社会发布公众气象预报、灾害性天气警报、气象灾害预警信号、专项气象预报。

第二章 气象行政处罚

气象行政处罚是指各级气象主管机构依照法定权限和程序对违反相关气象法律规范的公民、法人或者其他组织，以减损权益或者增加义务的方式予以惩戒的行为。

第一节 气象行政处罚管辖和适用

各级气象主管机构管辖本行政区域内的气象行政处罚案件。气象行政处罚一般由违法行为发生地的气象主管机构管辖。下列气象行政处罚案件，按照规定的要求办理。

1. 对违反《中华人民共和国气象法》规定，从事大气环境影响评价的单位进行工程建设项目大气环境影响评价时，使用的气象资料不符合国家气象技术标准的，由建设工程所在地的气象主管机构管辖。

2. 对外国组织或者个人在中华人民共和国领域及其管辖的其他海域单独或者与中华人民共和国有关组织、个人合作从事气象活动违法行为的行政处罚，由该违法行为所在地的设区市级以上气象主管机构管辖。

3. 两个以上气象主管机构都有管辖权的行政处罚案件，由最先立案的气象主管机构管辖。

4. 对气象行政处罚案件的管辖权发生争议时，应当协商解决，协商不成的，报请共同的上一级气象主管机构指定管辖。

5. 下级气象主管机构对其管辖范围内的行政处罚案件实施处罚有困难的，可以报请上级气象主管机构指定管辖。

6. 对超出管辖范围或者法律、法规规定不属于气象主管机构管辖的案件，应当将案件移送有管辖权的单位或者部门，并按照规定填写《案件移送书》。

7. 违法行为涉嫌犯罪的，气象主管机构应当及时将案件移送司法机关。

8. 气象主管机构实施行政处罚时，应当责令当事人改正或者限期改正违法行为。

9. 对当事人的同一个违法行为，不得给予两次以上罚款的行政处罚。同一个违法行为违反多个法律规范应当给予罚款处罚的，按照罚款数额高的规定处罚。

10.当事人有下列情形之一，应当从轻或者减轻行政处罚：

(1)主动消除或者减轻违法行为危害后果的；

(2)受他人胁迫或者诱骗实施违法行为的；

(3)主动供述气象主管机构尚未掌握的违法行为的；

(4)配合气象主管机构查处违法行为有立功表现的；

(5)法律、法规、规章规定其他应当从轻或者减轻行政处罚的。

11.违法行为轻微并及时改正，没有造成危害后果的，不予行政处罚。初次违法且危害后果轻微并及时改正的，可以不予行政处罚。

12.当事人有证据足以证明没有主观过错的，不予行政处罚。法律、行政法规另有规定的，从其规定。

13.对当事人的违法行为依法不予行政处罚的，气象主管机构应当对当事人进行教育。

14.违法行为在二年内未被发现的，不再给予行政处罚；涉及公民生命健康安全、金融安全且有危害后果的，上述期限延长至五年。法律另有规定的除外。

前款规定的期限，从违法行为发生之日起计算；违法行为有连续或者继续状态的，从行为终了之日起计算。

15.施行政处罚，适用违法行为发生时的法律、法规、规章的规定。但是，作出行政处罚决定时，法律、法规、规章已被修改或者废止，且新的规定处罚较轻或者不认为是违法的，适用新的规定。

16.行政处罚没有依据或者实施主体不具有行政主体资格的，行政处罚无效。

违反法定程序构成重大且明显违法的，行政处罚无效。

第二节　气象行政处罚决定

一、一般规定

1.气象行政处罚遵循公正、公开的原则。实施机关、立案依据、实施程序和救济渠道等信息应当公示。

2.公民、法人或者其他组织违反气象法律规范的行为，依法应当给予行政处罚的，气象主管机构必须查明事实；违法事实不清、证据不足的，不得给予行政处罚。

3.气象行政处罚应当由具有气象行政执法资格的执法人员实施。执法人员不得少于两人，并主动向当事人出示证件。执法人员应当文明执法，尊重和保护当事人合法权益。

4.执法人员与案件有直接利害关系或者有其他关系可能影响公正执法的，应当回避；当事人认为执法人员与案件有直接利害关系或者有其他关系可能影响公正执法的，有权申请回避。

当事人提出回避申请的，气象主管机构应当依法审查，由气象主管机构负责人决定。决定作出之前，不停止调查。

5.气象主管机构在作出行政处罚决定之前，应当告知当事人拟作出的行政处罚内容及事实、理由、依据，并告知当事人依法享有的陈述、申辩、要求听证等权利。

6.当事人有权进行陈述和申辩。气象主管机构必须充分听取当事人的意见，对当事人提出的事实、理由和证据，应当进行复核；当事人提出的事实、理由或者证据成立的，气象主管机构应当采纳。气象主管机构不得因当事人陈述、申辩而给予更重的处罚。

7.证据包括：

(1)书证。

(2)物证。

(3)视听资料。

(4)电子数据。

(5)证人证言。

(6)当事人的陈述。

(7)鉴定意见。

(8)勘验笔录、现场笔录。

证据必须经查证属实，方可作为认定案件事实的根据。

以非法手段取得的证据，不得作为认定案件事实的根据。

8.气象主管机构应当依法以文字、音像等形式，对行政处罚的启动、调查取证、审核、决定、送达、执行等进行全过程记录，归档保存。

9.具有一定社会影响的行政处罚决定应当依法公开。

公开的气象行政处罚决定被依法变更、撤销、确认违法或者确认无效的，气象主管机构应当在三日内撤回行政处罚决定信息并公开说明理由。

10.气象主管机构及其工作人员对实施行政处罚过程中知悉的国家秘密、商业秘密或者个人隐私，应当依法予以保密。

二、简易程序

1.适用范围。气象主管机构对违法事实确凿、情节轻微并有法定依据，对公民处以二百元以下、对法人或者其他组织处以三千元以下罚款或者警告的行政处罚的，可以当场作出行政处罚决定。法律另有规定的，从其规定。

2.执法程序。当场作出气象行政处罚决定时，气象行政执法人员应当遵守下列程序：

(1)现场查清当事人的违法事实，并制作现场检查或者调查笔录。

(2)气象行政执法人员在进行现场处罚时,应当向当事人出示执法证件,填写统一的、有预定格式、编有号码的现场处罚决定书,载明当事人的违法行为、行政处罚的种类和依据、罚款数额、时间、地点、申请行政复议、提起行政诉讼的途径和期限以及气象主管机构的名称,由执法人员签名或者盖章后,当场交付当事人。当事人拒绝签收的,应当在行政处罚决定书上注明。

(3)气象行政执法人员当场作出的行政处罚决定,必须在决定之日起三日内报所属气象主管机构备案。

3. 气象行政执法人员现场作出行政处罚决定,有下列情形之一的,可以当场收缴罚款:

(1)依法给予一百元以下罚款的。

(2)不当场收缴事后难以执行的。

(3)在边远、水上、交通不便地区,气象行政执法人员依法作出处罚决定后,当事人到指定的银行或者通过电子支付系统缴纳罚款确有困难,经当事人提出,执法人员可以当场收缴罚款。

4. 气象行政执法人员当场收缴的罚款,必须向当事人出具省财政部门统一制发的专用票据;不出具财政部门统一制发的专用票据的,当事人有权拒绝缴纳罚款。

5. 气象执法人员当场收缴的罚款,应当自收缴罚款之日起二日内,上缴本级气象主管机构。气象主管机构应当在二日内将罚款缴付指定的银行。

三、普通程序

1. 立案。气象主管机构在检查中发现或者接到举报、控告的气象违法行为或者移送的气象违法案件,应当予以审查,并在七日内决定是否立案。需要立案办理的案件,承办人员应当填写气象行政执法立案审批表,并报经本级气象主管机构负责人批准后立案。

2. 调查。气象主管机构对立案的气象违法案件,必须指定专人负责,及时组织调查取证。执法人员在调查或者进行检查时,应当主动向当事人或者有关人员出示执法证件。执法人员不出示执法证件的,当事人或者有关人员有权拒绝接受调查或者检查。在询问或者调查时,应当制作笔录。承办人员进行询问调查时,应当允许当事人作辩解陈述,并将情况记入调查笔录,经当事人认可后,签名或者盖章。气象行政执法人员在调查过程中,有权进入现场进行调查和取证,查阅或者复制有关记录和其他有关资料。

3. 审查。调查终结后,案件承办人员应当提出已查明违法行为的事实和证据以及依法给予行政处罚的初步意见,送本级气象法制机构审查。无气象法制机构的,由气象主管机构负责人审查。

气象法制机构或者气象主管机构负责人应当对案件的以下内容进行审查:

(1)违法事实是否清楚。

(2)证据是否确凿。

(3)调查取证是否符合法定程序。

(4)适用法律是否正确。

(5)处罚种类和幅度是否适当。

(6)当事人陈述和申辩的理由是否成立。

经审查发现违法事实不清、证据不足、调查取证不符合法定程序或者行政裁量不适当时,应当通知承办人员补充调查取证或者依法重新调查取证,重新提出行政处罚意见。

4.处理。

(1)违法事实不能成立的,应当撤销案件。

(2)违法行为轻微的,可以免予行政处罚。

(3)违法事实成立的,决定给予行政处罚。

(4)法律、法规和规章规定由县级以上人民政府有关部门实施处罚的,应当将案件移送有关部门处理。

(5)气象违法行为涉嫌构成犯罪的,应当将案件移送司法机关处理。

5.审核。对涉及重大公共利益;直接关系当事人或者第三人重大权益,经过听证程序;案件情况疑难复杂、涉及多个法律关系的行为,在给予行政处罚前,应当由从事行政处罚决定法制审核的人员进行法制审核;未经法制审核或者审核未通过的,不得作出决定。

6.告知。气象主管机构在作出行政处罚决定之前,应当填写行政处罚告知书,书面告知当事人作出行政处罚的事实、理由、依据以及当事人依法享有的权利。当事人收到行政处罚告知书之日起三日内可以提出书面陈述、申辩意见。逾期未提出的,气象主管机构可以依法作出气象行政处罚决定(符合听证的程序的,行政处罚告知书和听证告知书应同时下达)。

7.决定。对于依法决定给予气象行政处罚的案件,承办人员负责制作气象行政处罚决定书,报气象主管机构负责人批准。应当载明法律规定的以下事项:

(1)当事人的姓名或者名称、地址。

(2)违反法律、法规、规章的事实和证据。

(3)行政处罚的种类和依据。

(4)行政处罚的履行方式和期限。

(5)申请行政复议、提起行政诉讼的途径和期限。

(6)作出行政处罚决定的气象主管机构名称和作出决定的日期,并加盖气象主管机构的印章。

(7)气象主管机构应当自行政处罚案件立案之日起九十日内作出行政处罚决定。

8.送达。气象主管机构应当在作出行政处罚决定之日起七日内，将行政处罚决定书送达当事人，并根据需要将副本抄送与案件有关的单位。受送达人应当在送达回执上记明收到日期，并签名或者盖章。受送达人在送达回执上的签收日期即为送达日期。受送达人拒绝签收的，送达人应当邀请有关基层组织或者受送达人所在单位人员到场见证，说明情况，并在送达回执上记明拒收理由和日期，由送达人、见证人签名或者盖章，把行政处罚决定书留置受送达人处，即视为送达。受送达人不在，可由其所在单位的领导或者成年家属代为签收。邮寄送达以挂号回执上注明的日期为送达日期。当事人同意并签订确认书的，可以采用传真、电子邮件等方式，将行政处罚决定书等送达当事人。受送达人下落不明，或者用其他方式无法送达的，可以公告送达。自发布公告之日起，经过六十日，即视为送达。公告送达，应当在案卷中注明原因和经过。

四、听证程序

1.适用范围。

(1)较大数额罚款；

(2)降低资质等级、吊销许可证件；

(3)法律、法规、规章规定的其他情形。

较大数额：《气象行政处罚办法(修订)》(中国气象局令第19号)第四十六条："较大数额罚款"，是指对公民处以五千元(不含五千元)以上罚款，对法人或者其他组织处以三万元以上罚款。

各省、自治区、直辖市通过的地方性法规或者地方政府规章对"较大数额罚款"的限额另有规定的，可以不受上述数额的限制。

《江西省行政处罚听证程序规定》第二条，本省行政区域内各级行政机关或者法律、法规授权的组织(以下简称行政处罚实施机关)对当事人拟作出下列行政处罚决定，应当告知当事人有要求举行听证的权利：

对公民处以三千元以上、对法人或者其他组织处以二万元以上的罚款或者没收相当于该数额违法所得、非法财物。

……

2.告知。气象主管机构对于适用听证程序的行政处罚案件，在作出行政处罚决定前，应当书面告知当事人有要求听证的权利。当事人要求听证的，气象主管机构应当组织听证，当事人不承担气象主管机构组织听证的费用。

3.程序。

(1)当事人要求听证的，应当在气象主管机构告知后五日内提出。

(2)气象主管机构应当在举行听证的七日前，通知当事人及有关人员听证的时间、地点。

(3)除涉及国家秘密、商业秘密或者个人隐私依法予以保密外，听证公开举行。

(4)听证由气象主管机构指定的非本案调查人员主持；当事人认为主持人与本案有直接利害关系的，有权申请回避。

(5)当事人可以亲自参加听证，也可以委托一至二人代理。

(6)当事人及其代理人无正当理由拒不出席听证或者未经许可中途退出听证的，视为放弃听证权利，气象主管机构终止听证。

(7)举行听证时，调查人员提出当事人违法的事实、证据和行政处罚建议，当事人进行申辩和质证。

(8)听证应当制作笔录。笔录应当交当事人或者其代理人核对无误后签字或者盖章，当事人或者其代理人拒绝签字或者盖章的，由听证主持人在笔录中注明。

(9)听证结束后，气象主管机构应当根据听证笔录，依据《中华人民共和国行政处罚法》第五十七条。分别作出如下决定：

确有应受行政处罚的违法行为的，根据情节轻重及具体情况，作出行政处罚决定。

违法行为轻微，依法可以不予行政处罚的，不予行政处罚。

违法事实不能成立的，不予行政处罚。

违法行为涉嫌犯罪的，移送司法机关。

对情节复杂或者重大违法行为给予行政处罚，气象主管机构负责人应当集体讨论决定。

第三节　气象行政处罚执行

气象行政处罚决定依法作出后，当事人应当在处罚决定书确定的期限内，履行处罚决定。

当事人确有经济困难，需要延期或者分期缴纳罚款的，经当事人申请和气象主管机构批准，可以暂缓或者分期缴纳。

当事人应当自收到气象行政处罚决定书之日起十五日内，到指定的银行或者通过电子支付系统缴纳罚款。

当事人到期不缴纳罚款的，作出处罚决定的气象主管机构可以每日按罚款数额的百分之三对当事人加处罚款。加处罚款的数额不得超出罚款的数额。

当事人对加收罚款有异议的，应当先缴纳罚款和逾期加收的罚款，再依法申请行政复议。

申请行政复议或者提起行政诉讼的，行政处罚不停止执行，加处罚款的数额在行政复议或者行政诉讼期间不予计算。

当事人逾期不履行行政处罚决定的，气象主管机构可以申请人民法院强制执行。

《中华人民共和国行政强制法》第三十五条，行政机关作出强制执行决定前，应当事先催告当事人履行义务。催告应当以书面形式作出，并载明履行义务的期限；履行义务的方式；涉及金钱给付的，应当有明确的金额和给付方式；当事人依法享有的陈述权和申辩权。

第四节　气象行政处罚备案制度

下级气象主管机构对上级指定办理的处罚案件、适用听证程序的处罚案件或者申请行政复议、提起行政诉讼的处罚案件，应当在作出行政处罚决定或者行政复议、行政诉讼结案后三十日内向上级气象主管机构备案。

气象主管机构通过接受当事人的申诉和检举，或者通过备案审查等途径，发现下级气象主管机构作出的行政处罚违法或者显失公正的，可以责令改正。

气象主管机构经过行政复议，发现下级气象主管机构作出的行政处罚违法或者显失公正的，可以依法撤销或者变更。

第五节　气象行政处罚时限要求

《行政强制法》第六十九条中规定，十日以内（含十日）是指工作日，不含法定节假日。

法定节假日主要包括全体公民放假的节日以及正常情况下每周的周六周日。在少数民族地区，地方人民政府确定的少数民族习惯节日也属于本条所指的法定节假日。

1.期限开始的时和日不计算在期限内，从下一个小时或者从次日起算。

如上一级人民法院应当自收到复议申请之日起十五日内作出是否受理的裁定。以人民法院 2019 年 6 月 1 日接到申请为例，那么计算这一期间时，就应当从第二天，即 2019 年 6 月 2 日开始计算，也就是说应当在 2019 年 6 月 16 日前受理。

2.期限届满的最后一日是法定节假日的，以法定节假日后的第一日为期限届满的日期。

如人民法院应当自受理之日起三十日内作出是否执行的裁定。以人民法院 2019 年 6 月 1 日受理为例，期限届满之日本应为 7 月 1 日，但因 7 月 1 日是周六，属于法定节假日，因此，应当以法定节假日结束以后的次日，即 7 月 3 日，为作出是否执行的裁定的最后期限。

3.期限不包括在途时间，执法文书在期满前交邮的，不算过期。所谓在途时间，是指行政机关或者人民法院、当事人通过邮寄递交的有关决定、申请的，在途中所用去的时间。确定期满前是否交邮，应当以邮局的邮戳为准，只要邮戳上的时间证明在期间届满前，已交付邮局，就不算过期。

4.气象行政执法过程中几个需要注意的时限：

(1)二日

当场收缴的罚款自收缴之日起二日内上缴本级气象主管机构。气象主管机构应当二日内将罚款缴付指定银行。

(2)三日

1)当事人收到行政处罚告知书之日起三日内可以提出书面陈述、申辩意见。逾期未提出的，气象主管机构可以依法作出气象行政处罚决定。

2)气象行政执法人员当场作出的行政处罚决定，必须在决定之日起三日内报所属气象主管机构备案。

3)代履行三日前催告当事人履行，当事人履行的，停止代履行。

(3)五日

1)当事人申请听证的，应当在气象主管机构告知后五日内提出。

2)法院接到行政机关强制执行的申请，应当在五日内受理。

3)因情况紧急，为保障公共安全，行政机关可以申请法院立即执行。经院长批准，应当自作出执行裁定之日五日内执行。

(4)七日

1)气象主管机构在检查中发现或者接到举报、控告的气象违法行为或者移送的气象违法案件，应当予以审查，并在七日内决定是否立案。在现场检查过程中，发现涉嫌违法行为的，可以先行收集证据。

2)气象行政执法人员在收集证据时，可以采取抽样取证的方法。在证据可能灭失或者以后难以取得的情况下，经气象主管机构负责人批准，可以先行登记保存，填写登记保存(封存)通知书，并在七日内及时作出处理决定。

3)作出行政处罚决定的气象主管机构应当在作出处罚决定之日起七日内，将气象行政处罚决定书送达当事人，并根据需要将副本抄送与案件有关的单位。

4)气象主管机构应当在听证的七日前，通知当事人举行听证的时间、地点。

(5)十日

强制执行催告通知书自签收之日起，在当事人没有异议的情况下，十日内仍不履行决定的，气象主管机构可以作出申请法院强制执行的决定。

(6)十五日

1)当事人应当自收到气象行政处罚决定书之日起十五日内，到指定的银行或者通过电子支付系统缴纳罚款。

2)气象主管机构对人民法院不予受理的裁定有异议的，可以在十五日内向上一级人民法院申请复议，上一级人民法院应当自收到复议申请之日起三十日内作出是否受理的裁定。

(7)三十日

1)下级气象主管机构对上级指定办理的处罚案件、适用听证程序的处罚案件或者申请行政复议、提起行政诉讼的处罚案件,应当在作出行政处罚决定或者行政复议、行政诉讼结案后三十日内向上级气象主管机构备案。

2)人民法院应当自受理之日起三十日内作出是否执行的裁定。裁定不予执行的,应当说明理由,并在五日内将不予执行的裁定送达行政机关。

(8)六十日

1)公告送达。自发布公告之日起,经过六十日,即视为送达。

2)公民、法人或其他组织对气象主管机构作出的具体行政行为不服的,在知道该具体行政行为之日起六十日内可以向该机构的本级人民政府申请行政复议,也可以向上一级气象主管机申请行政复议。

3)行政复议机关应当自受理申请之日起六十日内作出行政复议决定。

(9)九十日

气象行政处罚案件自立案之日起,应当在九十日内作出处理决定。特殊情况需要延长时间的,应当报上级气象主管机构批准并书面告知案件当事人。

(10)三个月

当事人在法定期限内不申请行政复议或者提起行政诉讼,又不履行行政决定的,气象主管机构应当自期限届满之日起三个月内决定是否申请法院强制执行,否则视为放弃执行权。

(11)六个月

公民、法人或其他组织对气象主管机构作出的具体行政行为不服的,在知道该具体行政行为之日起六个月内可以向有管辖权的人民法院提起诉讼。

(12)二年

违法行为在二年内未被发现的,不再给予行政处罚;涉及公民生命健康安全、金融安全且有危害后果的,上述期限延长至五年。法律另有规定的除外。前款规定的期限,从违法行为发生之日起计算;违法行为有连续或者继续状态的,从行为终了之日起计算。

(13)三年

中止执行的情形消失后,行政机关应当恢复执行。对没有明显社会危害,当事人确无能力履行,中止执行满三年未恢复执行的,行政机关不再执行。

有下列情形之一的,中止执行:

1)当事人履行行政决定确有困难或者暂无履行能力的。

2)第三人对执行标的主张权利,确有理由的。

3)执行可能造成难以弥补的损失,且中止执行不损害公共利益的。

4)行政机关认为需要中止执行的其他情形。

第六节　气象行政处罚流程

气象行政处罚流程包括基本流程（图 2.1）、简易流程（图 2.2）、普通流程（图 2.3）、听证流程（图 2.4）和执行流程（图 2.5）。

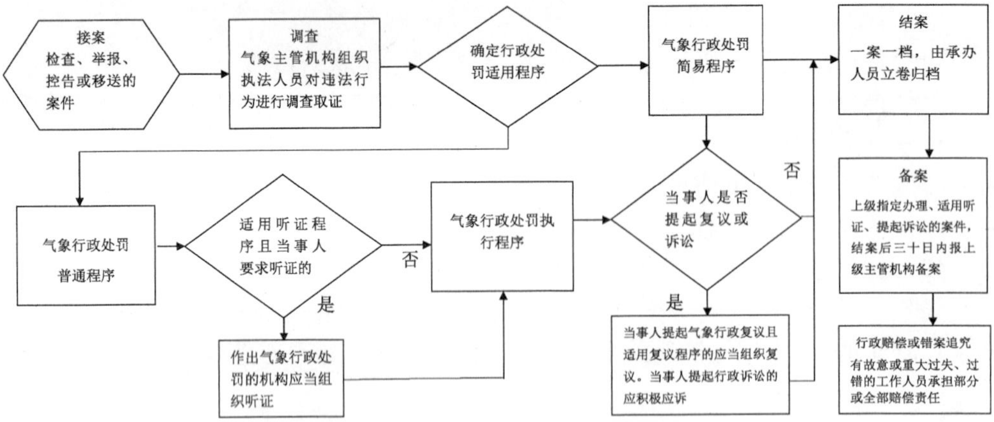

图 2.1　气象行政处罚基本流程

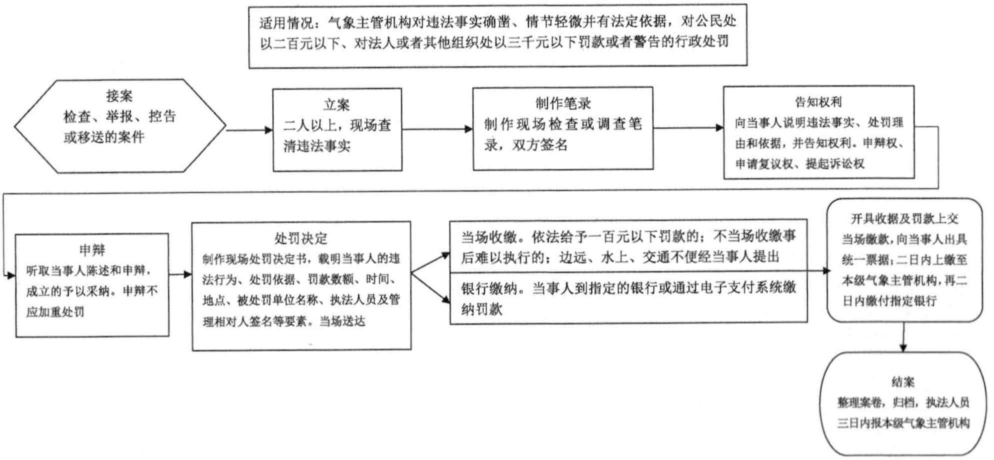

图 2.2　气象行政处罚简易流程

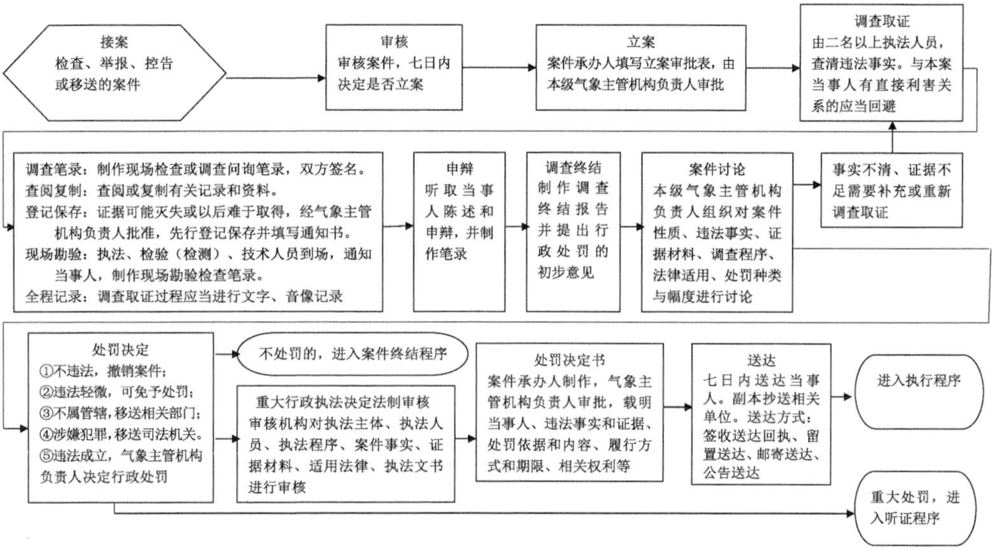

图 2.3　气象行政处罚普通流程

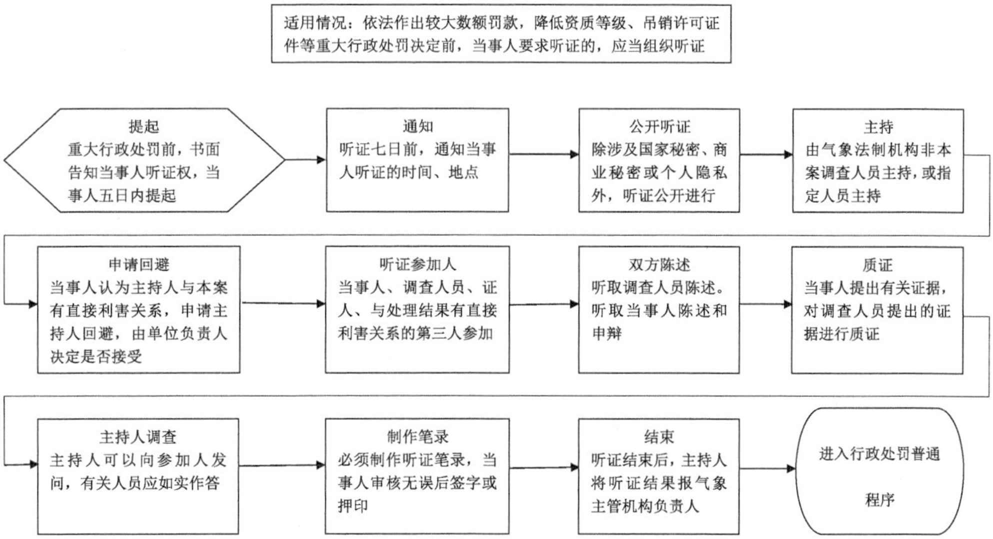

图 2.4　气象行政处罚听证流程

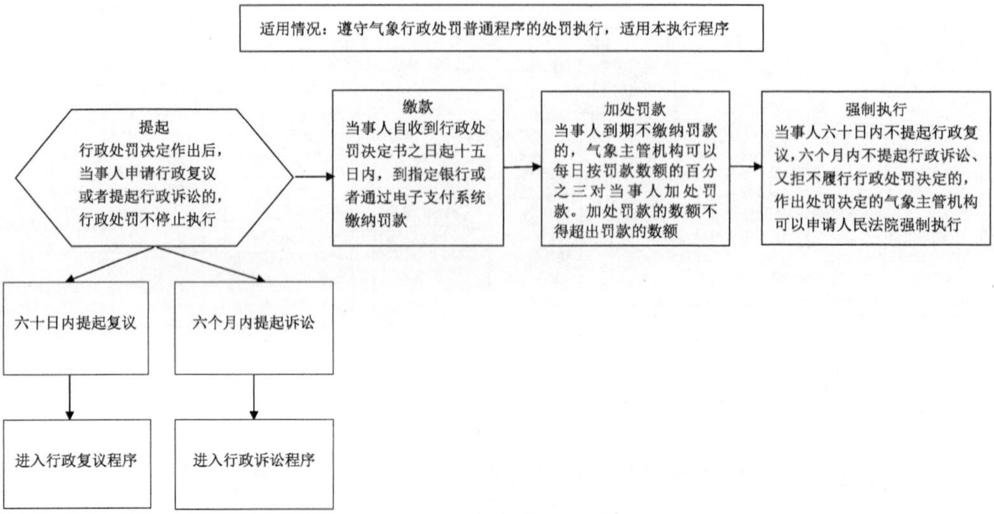

图 2.5 气象行政处罚执行流程

第三章　气象行政执法监督

上级气象主管机构应当对下级气象主管机构在本行政区域内的气象行政执法工作进行指导、监督和管理。

气象行政执法监督的范围包括以下内容：气象行政规范性文件的合法性；气象行政执法主体和程序的合法性；具体行政行为的合法性；气象主管机构履行法定职责情况；行政执法队伍建设情况；违法行政行为的查处情况；行政复议情况；其他需要监督的事项。

此处列举上级气象主管机构对下级气象主管机构履行法定职责、气象行政执法程序的合法性、具体行政行为的合法性、违法行政行为的查处情况的督查督办。

第一节　气象行政执法督查

行政执法督查可以采取听取汇报、座谈交流、查阅材料、实地查看等方式进行，在实施督查前三个工作日内通知当地气象主管机构。

1. 查看年度行政执法检查计划及下发的相关文件、监管事项目录清单和实施清单、权责清单、雷电灾害防御重点单位数据库、辖区内雷电防护装置检测资质单位及分支机构信息、近一年执法检查记录表、台账及案卷等。

2. 了解气象行政执法“三项制度”(行政执法公示制度、行政执法全过程记录制度、重大执法决定法制审核制度)落实情况、“双随机、一公开”(在监管过程中随机抽取检查对象，随机选派执法检查人员，抽查情况及查处结果及时向社会公开)工作开展情况、日常巡查及专项检查情况、有无创新监管举措等。

3. 现场查看相关监管平台运行情况，包括江西省“双随机、一公开”行政执法监督平台、全国防雷减灾综合管理服务平台、江西省行政执法信息管理系统、国家和省“互联网＋监管”平台、信息发布平台、曝光平台等。

4. 随机抽取一至两个雷电灾害防御重点单位(不限于此类)实地检查，了解气象主管机构监管职责、企业主体责任落实情况。

5. 检查文件要求的其他情况。

第二节　气象行政执法督办

对行政执法监督检查中发现的问题实行督办机制(以执法总队督办模式为例,市级可参照执行)。

一、督办内容

1. 气象主管机构及其气象行政执法支队、大队是否不履行或者拒绝履行其法定职责。

2. 对公民、法人和其他组织举报、控告的行政违法行为,以及行政执法监督中发现的行政违法行为,符合立案标准、应当制止和处罚的案件是否及时查处或者责成相关气象主管机构查处。

3. 气象行政处罚案件是否按时结案(自立案之日起九十日内作出处理决定),特殊情况需要延长时间的,是否报上级气象主管机构批准并书面告知案件当事人。

4. 重大气象行政处罚案件结案后,是否及时上报省气象局政策法规处备案。

二、督办入列标准

1. 气象主管机构:是否不履行或者拒绝履行其法定职责;对气象行政执法工作是否重视;落实部门监管职责是否到位;对上级气象主管机构部署的执法检查工作是否执行等。

2. 雷电灾害防御重点单位:大型油库、气库、弹药库、危化品仓库、烟花爆竹等易燃易爆建设工程和场所,雷电易发区内的矿区和4A级以上旅游景点,已有雷电防护装置是否委托有相应资质的雷电防护装置检测机构进行定期检测;新(改、扩)建建筑物雷电防护装置是否依法报请雷电防护装置设计审核和竣工验收。

3. 雷电防护检测资质单位:是否存在无资质证或者超出资质等级范围开展雷电防护装置检测活动的行为;是否存在伪造检测数据、提供虚假检测报告的行为;是否存在伪造、涂改、出租、出借、挂靠、转让雷电防护装置检测资质证的行为;是否存在向监督检查机构隐瞒有关情况、提供虚假材料或者拒绝提供反映其活动情况的真实材料的行为;是否存在转包或者违法分包雷电防护装置检测项目的行为。

4. 在国家基准气候站、国家基本气象站、高空气象探测站、天气雷达站气象探测环境保护范围内新建、扩建、改建建设工程单位是否办理建设项目规划许可证和避免危害气象探测环境行政许可决定书;气象探测环境保护范围内建设工程位置及高度等是否影响气象探测环境。

5. 适用听证程序的行政处罚案件、申请法院强制执行的行政处罚案件,以及省内跨行政区域的行政处罚决定案件、上级或其他部门移交的案件。

6.其他违反气象法律、法规行为视情况纳入总队督办清单。

三、督办方式

发出《督办通知书》,责令其限期履行,并按要求及时反馈。

第四章　气象行政执法注意事项

第一节　行政违法行为认定和处罚

一、违法行为认定

违法行为一般是由行政相对人的主观过错、实施违反行政管理秩序行为的过程及其危害后果三个方面构成的。

1.行政相对人主观上具有过错是可以给予行政处罚的法定要件之一，不具有过错的，不能给予行政处罚。

2.行政处罚决定认定行政相对人实施了作为的违法行为的事实主要有：实施违法行为的时间（含期间）、地点、手段或方式、违法行为的结果，对多次进行违法行为的要将各次的时间、地点、结果等情节问题一一表述清楚。

3.一般情况下，行政相对人实施了违反行政管理秩序的行为，就应当给予行政处罚。但对一些特殊情况，行政处罚以造成一定的危害后果为法定要件。危害后果的表现形式有两种：一种是显现后果，即违法行为所造成的危害后果通过一定的形式表现出来。对违法行为有显现危害后果的，均应当在行政处罚决定书中表述出来。另一种是隐形危害后果，即违法行为给社会造成的危害后果难以一定形式直接表现出来。

二、行政处罚违法行为责任人认定

根据我国有关法律、法规的规定，违法行为责任人是实施违反行政管理秩序的公民、法人或者其他组织。在认定违法行为责任人时应注意以下几个问题：

1.有关隶属关系的问题。在我国单位之间存在隶属关系有两种情况：一种是一方单位是另一方的下属单位，不具有独立法人的资格，不能以自己的名义从事民事活动；另一种是虽然一方单位对另一方单位具有一定的领导权力，但双方均是独立的法人，各自均独立核算并可以独立对外从事民事活动。对于前一种情况，其下属单位的违反行政管理秩序行为的行政责任可以由具有法人资格的一方承担。后一种情况，因双方均为独立的法人，各自仅对各自的行为负责，谁实施的行为，由谁承担法律责任。

2.有关企业承包关系的问题。承包人在承包期间以企业的名义实施的违反行政管理法规范的行为，应当认定为企业的违法行为，而不应认定为个人的违法行为。承包人在承包期间实施承包合同规定的权利范围以外的行为，或者承包以前、以后所实施的行为违法，则应当认定为承包人的违法行为，而不应当认定为企业的违法行为。

3.有关委托关系的问题。主要有以下几种情况：

(1)被代理人委托代理人实施民事法律行为合法，委托代理人超出了被代理委托的权限范围实施了违反行政管理秩序的行为，在没有被代理人追认的情况下，违法行为人应当认定为委托代理人，而不应当认定为被代理人。

(2)委托人委托代理人代理的行为违反行政管理秩序，有证据证明委托代理人确实不知道该行为违法的，该违法行为是由于被委托人的行为造成的，所以应当认定被委托人为违法行为的责任承担人，而不应当认定委托代理人为违法行为的责任承担人。

(3)委托人和被委托人都知道委托代理的行为违反行政管理秩序，只要委托人实施了委托的行为，被委托人与委托代理人应当是共同违反行政管理秩序的行为人。

第二节　常用执法用语

1.一般按照下述语句表明身份："你好，我们是××气象局行政执法人员，这是我们的执法证件，现在依法对你进行调查(检查)，请你配合。"

2.当事人对依法进行调查或检查不予配合，行政执法人员应当说："根据法律规定，你有如实回答询问、并协助调查或检查的义务。"

3.开始调查时，应当说："请你陈述一下关于××(涉嫌违法的行为)的情况。"

4.制作询问笔录或录音录像时，应当说："现在向你询问有关问题，我们依法对询问情况制作笔录或录音录像，请如实回答，如果你不如实回答，你将承担相应的法律责任。"

5.确认询问笔录时，应当说："这份笔录是根据你刚才的陈述和我们询问的内容制作的，请你仔细阅读笔录内容并确认，如果你认为笔录不全或者有错误，可以要求补正。"

6.请被调查人签名时，应当说："核对无误的话，请你在笔录的结束部分写上'以上笔录经核对无误'并签上你的姓名和时间。"

7.应当按照以下语句告知陈述和申辩的权利："你有权利在收到本通知书之日起三日内进行陈述和申辩。"

8. 当事人拒绝签收法律文书，应当说："拒绝签字，法律文书同样有效并视为送达。请你在工作时间到××单位领取有关文书并接受处理，具体地址是××。"

9. 应当按照以下语句告知听证权利："根据法律的规定，你有权要求听证，如果你要求组织听证，请在收到本通知书之日起五日内到××单位提出申请，具体地址是××。"

10. 应当按照以下语句宣告决定书："你的(列举具体违法行为)违反了《××条例》第××条××款的规定，依据《××条例》第××条××款的规定，责令改正并对你处以××元的罚款，请你在××(指出具体位置)签名，并于十五日内到处罚决定书上载明的××银行缴纳罚款，具体地址是××。如有异议，请于六十日内到××处申请行政复议或者在六个月内向法院提起行政诉讼。"

11. 当事人提出意见或建议的，应当说："感谢你对我们工作提出意见(建议)，我们将努力改进"或者"感谢你的批评，我们愿意自觉接受监督。"

12. 行政执法检查完毕时，应向对方的配合表示感谢。例如："谢谢！谢谢你的配合，再见！"

第五章 气象行政执法文书制作

第一节 执法文书制作要求

一、案卷

气象行政执法案卷是气象执法文书的案卷封皮，起到便于查阅的作用。此文书是必用文书。

1.案件类别：气象执法案件一般可划分为气象设施和气象探测环境保护、气象信息发布及传播、雷电灾害防御管理、升放气球管理、气候资源保护和利用、涉外气象活动等几类。案件类别要求写明违法案件属于哪一类。

2.要求清楚写明当事人的基本情况，不得有误。

3.案由：要求写明违法主体和违法行为。注意应当用一句话简单概括，不要把整个案件的全过程详细记录。基本模式为“违法主体＋违法行为定性＋案”，如“××未经许可擅自升放气球案”。

4.处理结果：指行政处罚决定书确定的处罚内容，以及气象主管机构采取的其他行政措施。

5.办案日期：要求写明该案办理的立案日期和结案日期。

6.保存期限：要写明该案保存是十年、三十年或永久。简易程序和无行政处罚类采用十年保存；行政处罚一般程序类采用三十年保存，其中重大行政处罚类采用永久保存（重大行政处罚是指适用听证程序的处罚案件；申请法院强制执行的处罚案件）。

7.写明本卷文书的件数和页数。

8.写明本卷文书的归档号和归档日期。

9.写明该案件的承办人。

二、卷内目录

卷内目录是气象行政执法案件处理结束后，承办人员将案件处理过程中的全部材料进行整理归档时使用的文书。此文书是必用文书。

1. 序号：要求卷内文书按照时间顺序排列。

2. 文书材料原编字号：卷内文书材料有原编字号的，要按原编字号规范填写。气象行政执法文书编号共有十九种文号(表5.1)。

表5.1　气象行政执法文书编号

序号	文字文号	文书名称
1	( )气案〔 〕 号	案卷
2	( )气责改〔 〕 号	责令整改通知书(行政检查用)
3	( )气立案〔 〕 号	立案审批表
4	( )气存〔 〕 号	证据登记保存通知书
5	( )气解〔 〕 号	解除证据登记保存通知书
6	( )气协查函〔 〕 号	协助调查函
7	( )气移〔 〕 号	案件移送书
8	( )气责停〔 〕 号	责令停止违法行为通知书
9	( )气罚告〔 〕 号	行政处罚告知书
10	( )气听告〔 〕 号	听证告知书
11	( )气通〔 〕 号	通知书
12	( )气听通〔 〕 号	听证通知书
13	( )气法审〔 〕 号	法制审核意见表
14	( )气罚〔 〕 号	行政处罚决定书
15	( )气现罚〔 〕 号	现场处罚决定书
16	( )气处告〔 〕 号	行政处理告知书
17	( )气罚延(分)缴字〔 〕 号	延期(分期)缴纳罚款决定书
18	( )气催告〔 〕 号	决定催告书
19	( )气申〔 〕 号	强制执行申请书

3. 形成日期：对于执法文书，应填写正式生效的日期。其他文书填写取得文件的日期。

4. 文书材料名称：写明卷内文书名称，必须与目录一一对应。

5. 页号：写明每个文书在案卷中的起止号码。页码要求按文书的前后顺序连续编写，并标注在每页的右上角。

6. 备考：有需要说明的事项在此填写。如复印件(复印件上需加盖“经核对与原件相符”字样印章)。

7. 表中的序号、页码均采用阿拉伯数字填写。

三、涉嫌违法信息登记表

涉嫌违法信息登记表是在行政检查过程中发现涉嫌违反气象法律、法规的违法行为或接到举报、上级交办、其他机关移送的还没有正式立案的案件，将初步掌握的情况进行登记时使用的文书。它是内部法律文书，此文书是择用文书。

1.案件来源。一般为现场检查、接到举报、上级交办、其他机关移送等。

2.当事人基本情况。当事人为单位的，写明单位全称、法定代表人、统一社会信用代码、注册（经营）地址、联系电话。当事人为个人的，写明姓名、性别、职业、身份证号、家庭住址、联系电话。

3.涉嫌违法事实描述。写明涉嫌违法时间、违法地点、简要说明初步掌握的基本情况以及造成的危害或影响，涉嫌违反的法律、法规、规章的全称及具体的条、款、项、目。

4.证据材料。将初步取得的证据名称逐一填写。

5.处理意见。写明承办人下一步拟作出的意见，如建议立案调查。

四、立案审批表

立案审批表是执法人员对案件进行初步核实后，认为存在违法事实，并属于本机关管辖，拟依法予以处罚，但还需对案件作进一步调查，报请本机关负责人批准立案的内部法律文书。此文书是行政处罚普通程序案件的必用文书。

1.案件类别。气象执法案件一般可划分为气象设施和气象探测环境保护、气象信息发布及传播、雷电灾害防御管理、升放气球管理、气候资源保护和利用、涉外气象活动等。案件类别要求写明违法案件属于哪一类。

2.案件来源。一般为现场检查、接到举报、上级交办、其他机关移送等。

3.案情摘要。对案件的简要描述，是作出是否立案决定的依据。主要写明当事人基本情况、违法事实两方面。

当事人基本情况：指涉嫌违法责任主体，包括自然人、单位（法人或其他组织）。当事人是自然人的，要写清自然人姓名、性别、住址、身份证信息、联系电话。当事人是单位的，要写明单位全称、法定代表人、统一社会信用代码、注册（经营）地址、联系电话等。

违法事实：简要说明初步掌握的案件基本情况以及造成的危害或影响，包括违法实施的时间、地点、动机、手段、经过、标的物的数量。

4.承办人意见。承办人意见不能写成处罚意见，要求写明承办人对申请立案的理由，表明建议立案的意见，注明所引用的法律、法规、规章的全称及具体的条、款、项、目，由承办人填写并签名。

5.承办机构审核意见：要求写明是否同意立案或不同意立案的理由。一般为行政执法总队、行政执法支队、行政执法大队的负责人填写并签名。

6. 法制机构审核意见。审核确认是否符合立案条件，主要考虑：(1)是否存在违法行为。(2)该违法行为是否依法应当给予行政处罚。(3)是否属于本机构管辖。(4)是否适用行政处罚普通程序。对于是否存在违法行为不清楚的，应予以初步调查，经初步确认后再立案。另外，要注意此违法行为是否符合《中华人民共和国行政处罚法》第三十六条，尚在追究时效中。案件承办人是否与本案有利害关系或其他关系可能影响公正处理的人员。此栏由设区的市级以上气象主管机构的法制机构负责人填写并签名。县级气象主管机构本栏可不填写。

7. 气象主管机构负责人审批意见。此处指本机关负责人意见，签名并加盖公章，注意填写时间，批准人签署的审批意见时间就是立案时间。

8. 所有签名必须手写。

五、现场勘验检查笔录

现场勘查笔录属于相对独立的证据类型，是气象行政执法机关为查明案情，依法对违法事实的现场或场所、物品等进行检查和勘验，并记载现场检查勘验情况的法律文书。此文书一般包括文字、现场图示和各种照片视频等，此文书是必用文书，有时在前期检查中也会用现场检查记录替代。

1. 要求写明检查时间(具体到年、月、日、时、分)。

2. 被检查单位(人)。要求写明全称及注册地址。

3. 检查场所。要求写明检查的详细地点。

4. 检查情况。要求写明检查的组织形式；检查的内容、范围和方式；被检查人或被检查单位的代表是否到场。

5. 被检查单位(人)对检查的意见。同意的，被检查人员要签字，并注明“检查情况属实”；不同意的，被检查人员要说明理由。拒绝参加检查或签署意见的，执法人员要写明情况。

6. 检查人员不得少于两人，主动出示证件，所有参加检查的人均应签字。

7. 被检查人或被检查单位代表应在笔录上逐页押印或签名，空白部分应记明“以下空白”，涂改处被检查人或被检查单位代表应押印或签名。

8. 要求对现场与违法事实如实记录，记录的事实必须准确，严密，检查的手续完备，禁止使用概念模糊的文字记录。

9. 对现场绘制的勘验图可另附纸，音像资料应注明录制时间、地点、拍摄人、见证人，并在笔录中注明。

六、调查询问笔录

调查询问笔录是执法机关为查明案情，依法向案件当事人、见证人等有关知情人员进行调查问询，记录被问询人陈述情况而制作的法律文书。此文书是必用文书。

1. 要求写明时间（具体到年、月、日、时、分）、地点、被调查人基本情况。

2. 办案人员二人在场，出示证件，表明身份，一人问询一人记录。

3. 一份笔录只问询一人，单独询问，不开“座谈会”，且只针对当次询问，必要时可以进行多次调查，分别制作笔录。

4. 要告知被问询人有知情权、请求回避权、陈述申辩权、人格受尊重权、阅读修改笔录权，修改处要有当事人押印。

5. 调查要围绕违法行为的事实过程和见证人看到过的事实情况进行调查和问询，重点在违法时间、地点、违法标的的数量及后果等方面，也包括被调查人对自己行为的陈述和申辩。如当事人不回答时，可用“答：（不回答）”作记录表述。

6. 被调查人和见证人、调查人和记录人应分别逐页在文书尾部签名或盖章。被调查人或见证人应在笔录终了处注明“以上笔录经核对无误”字样和调查结束时间。文书空白处应注明“以下空白”字样。拒绝签字的执法人员要写明情况。

7. 笔录要字迹清楚，格式规范。

七、证据登记保存审批表

证据登记保存审批表是在调查取证的过程中，为防止证据可能灭失或以后难以取得，对相应证据采取保全措施前履行审批手续时使用的文书，是内部法律文书。此文书是择用文书。

1. 要求写明当事人基本情况和保存物品清单。

2. 要求写明承办人申请证据登记保存的建议和理由。

3. 承办机构审核意见栏由行政执法总队、行政执法支队、行政执法大队的各级负责人填写并签名。

4. 本级气象主管机构负责人审批意见填写“同意”或“不同意”，不同意说明理由，签字盖章。如情况紧急，难以事前审批，可以电话请示，事后补办。

八、证据登记保存通知书

证据登记保存通知书是在处理气象行政违法案件中，为避免违法行为继续造成危害，对违法标的物采取强制和保全措施使用的法律文书。此文书是择用文书。

1. 送达单位（人）为物品所有（持有）人。

2. 登记保存期限。要求写明登记保存具体时间，应当在七日内或尽可能短的期限内。

3. 加盖气象主管机构印章。

4. 被登记保存单位（人）不在现场或拒绝签收的应记明情况。

九、解除证据登记保存审批表

解除证据登记保存审批表是与证据登记保存审批表相对应的文书，案件事实已查清，履行解除证据登记保存使用的文书，是内部法律文书。此文书是择用文书。

十、解除证据登记保存通知书

解除证据登记保存通知书是气象主管机构对已登记保存的标的物需要解除所使用的法律文书。此文书是择用文书。

1. 要求写明处理方式。如“全部归还”“继续使用”“不得使用”等。

2. 解除登记保存通知书主要适用于不予行政处罚或违法行为较轻微，无需予以没收、销毁的情况。对于认定违法行为应当予以没收或销毁的，无需使用此文书，以行政处罚决定书作出相对处理。

十一、鉴定委托书

鉴定委托书是气象主管机构委托专业技术机构对有关问题进行专门鉴定或检验时使用的文书。此文书是择用文书。

1. 鉴定机构。写明受委托机构全称，该机构应当具有相应资质、资格或权威能力。

2. 鉴定内容。要求委托鉴定事项。

3. 鉴定要求。要求鉴定过程必须科学、准确、公正；如有特殊的鉴定要求或注意事项应阐明。

4. 要求写明鉴定机构提供鉴定结果的具体日期。

5. 落款。加盖气象主管机构印章，写明成文日期。

十二、鉴定意见书

此文书适用于受委托单位(人)无固定格式鉴定意见书的情况。鉴定人意见不一致的，应说明不一致的理由。此文书为择用文书。

十三、协助调查函

协助调查函是气象主管机构根据调查需要向其他单位发函请其协助调查的函件。要求对方予以协助调查，并有正规回复的公文。此文书为择用文书。

1. 要求写明需协助调查单位的全称。

2. 要求写明案由和需对方提供的相关证据资料。

3. 要求协助调查单位提供结果的具体日期。

4. 要求加盖气象主管机构印章，写明成文日期。

十四、案情调查终结报告

案情调查终结报告是案件承办人员调查取证终结后，对整个案件的总结，方便案件的提请审批，使负责案件审批的部门和人员充分了解案件的全貌，尽快形成审批意见。报告内容要全面，对当事人基本情况、案件的事实、证据、法律依据、处罚意见和理由，都应做明确阐述。此文书是必用文书。

1. 案由。要求写明违法主体和违法行为。应当用一句话简单概括，基本模式为"违法主体＋违法行为定性＋案"，如"××未经许可擅自升放气球案"。

2. 案件来源。一般为现场检查、接到举报、上级交办、其他机关移送等。

3. 立案时间。立案审批表中气象主管机构负责人签署的审批意见时间。

4. 当事人基本情况。当事人是单位的，应写明单位全称、统一社会信用代码、注册地址、法定代表人、营业场所等有关情况。当事人为个人的应写明姓名、性别、年龄、工作单位、职务或职业、住址及身份证号码等。

5. 案件调查情况。写明调查经过，包括承办人员的组成，已查清的违法事实和证据，当事人实施违法行为的具体过程，违法的时间、地点、手段、情节、非法所得、非法经营金额、造成的后果，把重要情节、疑难问题、关键所在作重点叙述，还应写明当事人的认识态度，叙述的事实都应有证据证明。

6. 证据材料。所取得的文字材料均要有当事人签字或盖章认可，未签字或盖章的要说明情况；所取得的音像材料应注明时间、地点、拍摄人、见证人，按取得的时间顺序一一排列。

7. 案件承办人员意见。在案件性质认定后，依据什么法律、法规如何进行处罚。处罚建议是根据违法事实、性质、法律规定，结合当事人造成的社会危害后果，拟作出的处罚意见；如意见分歧应叙述，以供领导审批参考。对行使行政处罚自由裁量权的，应当说明提出具体量罚幅度的种类和理由。

8. 落款。由案件承办人分别签名，写明成文日期。

十五、案件移送书

案件移送书是气象主管机构对已经立案的案件，经过初步审查后，发现超出地域、级别管辖范围规定，移送其他气象主管机构；或者发现超出主管范围，移送其他行政执法部门或司法机关处理时使用的一种法律文书。该文书是证明类文书，证明案件已依法移送到有管辖权的单位或部门，并由该单位或部门依法处理。此文书是择用文书。

1. 主送单位。要求写明接受移送的部门全称，接受移送的部门主要有以下几种：

(1)其他气象主管机构。气象主管机构对已经立案的案件发现本案超出本地域管辖区或不属于本级别管辖时或本级气象主管机构查处有困难的，应当将案件移送给有管辖权的其他气象主管机构，包括与自己同级的气象主管机构和上级气象主管机构。

(2)其他行政执法部门。气象主管机构发现已经立案的案件不属于气象主管机构主管范围时，应当将案件移送给有管辖权的其他行政执法部门，如应急管理、住房和城乡建设、文化和旅游部门等。

(3)司法机关。气象主管机构对已经立案的案件依法应当追究刑事责任的，应当将案件移送给公安机关或检察机关。

2.案由。要求写明违法主体和违法行为。

3.原因。要求写明移送的具体原因。发生移送的原因主要有以下几种：

(1)违法行为发生地不在本行政区域内。

(2)该违法行为属于其他行政违法行为，应当由其他行政部门处理。

(3)该违法行为已构成犯罪的，应当追究刑事责任。

4.移送根据。移送的根据一般是《气象行政处罚办法》规定，法律、法规中明确规定应当办理移送手续的，以相应的法律、法规为依据。

5.附件。要求将该案的有关材料原件一并移送，注明份数页数，必要时，可以将复印件留存备查。

6.案件移送后，应当确认受移送机构是否收到案件移送函及附送材料，必要时可进行当面交接。受移送机关收到移送的材料后应当出具收据，执法机关应当妥善保存。

7.落款。要求加盖气象主管机构印章，写明成文日期。

十六、责令停止违法行为通知书

责令停止违法行为通知书是气象主管机构要求当事人停止违法行为并以予改正、恢复原状时使用的法律文书。此文书是择用文书。

1.要求写明被责令停止违法行为的单位(人)全称。

2.要求写明具体违法行为和标的物的名称。

3.要求写明违反法律、法规、规章的名称和具体的条款项。

4.要求写明责令停止违法行为所依据的法律、法规、规章名称和具体的条款项；有多条法律、法规、规章可以引用的情况下，在选择执法依据时应当遵循自上而下的逻辑，即法律、行政法规、地方性法规、部门规章及地方政府规章。

5.要求写明不改正将作出处罚的法律依据。

6.要求行政执法人员签名(执法证件号)和气象主管机构盖章。

7.此文书在法律、法规、规章的责任条款中有明确规定责令改正违法行为的，才能使用。

十七、案件讨论记录

案件讨论记录是用于记载案件在作出处罚前进行集体讨论的结果。一般在案件调查结束以后，已经确认了违法事实，已下达《责令停止违法行为通知书》或《责令整改通知书》后仍未改正的情况下，在下达行政处罚告知书前，由本级气象主管机构负责人组织对案件的性质、处理依据和内容进行集体讨论，记录行政处罚集体讨论的情况，形成处理意见的法律文书。此文书是必用文书。

1. 案由。要求简要写明违法主体及违法行为。

2. 写明讨论时间、地点、主持人、记录人、出席人、列席人。

出席人员应为：气象机构负责人、法制机构负责人、执法机构负责人、案件承办人、相关人员。

3. 案件讨论的一般程序。

(1)审查机构介绍案件初步审查情况：一是拟作出行政处罚的主体是否合法；二是行政处罚的程序是否得当；三是违法事实是否清楚；四是处罚种类、幅度是否恰当。

(2)案件承办人详细说明案件办理过程。

(3)参加讨论的人员分别发言，对不同意见和保留意见应当如实记录，记录应该客观具体，尽量引用会议参加人的原话。

(4)主持人总结发言。

(5)处理意见。写明处理的具体内容和法律依据。案件涉及的重大问题均应通过此文书反映出审理意见，如是否对当事人实施减免行政处罚。

(6)出席人员每个人均应签名。

(7)案件讨论记录是集体审理制度的体现。通过集体讨论形成处理意见时，应遵循少数服从多数的原则，不同意见允许保留。

十八、行政处罚告知书

行政处罚告知书是在行政执法过程中，执法人员受气象主管机构委托，将对当事人的违法事实拟作出的处罚意见和告知享有陈述、申辩权利的法律文书。此文书为必用文书。

1. 要求写明被告知人全称和基本情况。

2. 违法事实。已经查清的违法事实，包括违法行为人、违法时间、违法地点、违法行为的主要过程及违法情节所造成的危害后果。填写要简洁、准确、全面。违法行为的表述应当尽量与法律规定相吻合。

3. 处罚依据要求填写准确，要与立案审批表、责令停止违法行为通知书对应，拟作出的处罚决定要写明具体内容，要求符合法律权限、自由裁量适当。罚款数额应采用大写。

4.落款。加盖气象主管机构印章,写明成文日期。

十九、陈述(申辩)笔录

陈述(申辩)笔录是在行政执法过程中,当事人提出陈述(申辩)请求,书面记录陈述(申辩)情况时使用的法律文书,此文书是择用文书。

1.要求写明陈述(申辩)时间(具体到年、月、日、时、分)、地点、当事人基本情况;

2.要求写明记录人及工作单位。

3.要求如实记录陈述(申辩)的目的、事实及理由。

4.陈述(申辩)结束后,陈述(申辩)人应在笔录逐页签名或押印,如有涂改之处,应在涂改之处签名或押印;并在笔录终了处注明“以上笔录经核对无误”字样。

气象主管机构必须充分听取当事人的意见,对当事人提出的事实、理由和证据,应当进行复核;当事人提出的事实、理由或者证据成立的,应当采纳。气象主管机构不得因当事人申辩而加重处罚。

二十、听证告知书

听证告知书是气象主管机构依法作出较大数额罚款,降低资质等级、吊销许可证件等重大行政处罚决定前,将对当事人的违法事实拟作出的处罚意见和告知当事人享有要求听证权利时使用的书面法律文书。此文书是择用文书。

1.要求写明被告知单位(人)的全称。

2.要求写明案由。

3.要求写明告知的法律依据。依据主要是《中华人民共和国行政处罚法》第六十三条和《气象行政处罚办法》。

4.要求写明当事人违法行为及违法行为发生的时间、地点、违反的法律条款、拟作出的行政处罚决定的法律依据、行政处罚的种类和幅度。

5.要求写明组织听证的气象主管机构的地址、邮政编码、联系电话。

6.使用此文书时,应当与行政处罚告知书同时制作和送达当事人。

7.要求加盖气象主管机构印章,写明成文日期。

二十一、通知书

通知书在行政执法过程中,对当事人作调查问询,告知相关事项及权利和义务时使用的法律文书。此文书是择用文书。

1.被通知单位。要求写明被通知单位全称及被通知人姓名。

2.通知事项。要求写明通知的具体事项,通知事项表述需完整。

3.应到时间。要求写明当事人到达的具体时间。

4.应到处所。要求写明当事人到达的指定地点。

二十二、听证通知书

听证通知书是气象主管机构下达听证告知书后，当事人在规定时间内提出听证请求，通知当事人参加听证会时使用的法律文书。此文书是择用文书。

1. 要求写明被通知单位全称及被通知人姓名。

2. 要求写明案由。

3. 要求写明听证会的具体时间、详细地址，告知主持人、记录人、联系人及联系电话。

4. 要求加盖气象主管机构印章，写明成文日期。

5. 该通知书应当在举行听证会的七日前送达当事人。

二十三、听证笔录

听证笔录是用于记录气象主管机构组织听证会时当事人、案件承办人以及其他有关人员的陈述和质证情况的法律文书。此文书是择用文书。

1. 记明听证的时间、地点、主持人、记录人及所有参加人员的基本信息。

2. 记明听证会的全过程内容。主要包括以下几个方面：

(1)主持人核对听证会参加人，告知参加人的权利、义务。

(2)案件承办人员对当事人违法事实的陈述。

(3)当事人的陈述和申辩。

(4)第三人的陈述和申辩。

(5)质证过程。

(6)参加人的最后陈述。

(7)出现听证延期、中止、放弃情况的，该情况产生的原因、过程和相关决定。

记录应突出重点，对各方存在的争议和围绕争议所展开的质证和辩论应详细记录。

3. 笔录应交由各方核对后签名，笔录中的证人证言部分应交由证人核对后签名。各方认为陈述或申辩有遗漏或差错的，应当进行补充或修改，补充或修改处应按指纹确认。无正当理由拒不签名的，记录人应当记明情况。听证会结束后，由各方确认无误后，在听证记录最后一行标明“以上笔录经核对无误”，由主持人、记录人、当事人或代理人签名。

二十四、听证报告

听证报告是听证主持人在听证结束后，就听证情况及听证人员对该案件的意见和建议向气象主管机构负责人作出书面报告时使用的文书，是内部法律文书。此文书是择用文书。

1.听证报告应当简明扼要、客观公正介绍案件基本情况,案件承办人对案件事实认定、相关证据、理由以及处理意见,当事人陈述申辩的理由和要求,并将《听证笔录》附在《听证报告书》后备查。

2.听证报告应当包括以下内容:

(1)案件名称、听证主持人、记录人、听证的时间、地点。

(2)听证会基本情况。听证的简要经过、违法事实。

(3)当事人意见。主要写明调查人、当事人、第三人之间是否存在争议。如有,应分别写明各方共同认可的事实和存在争议的事实以及所持依据。

(4)主持人意见(听证结论)。可根据具体情况,分别提出建议:①认定违法行为事实清楚,案件承办人员提出的行政处罚建议适用法律、法规正确,证据确凿,程序合法,处罚适当的,提出维持处罚的意见;②违法行为事实清楚,但案件承办人员提出的行政处罚建议适用法律、法规错误或者处罚裁量不当的,提出纠正承办人员处罚建议的意见;③有应当受行政处罚的违法行为,但案件承办人员在办案过程中有程序上不足的,提出承办人员补正后再给予行政处罚的意见;④违法行为情节轻微的,依法免予行政处罚的意见;⑤违法行为不能成立的,依法不予行政处罚的意见;⑥违法行为符合减轻或者从轻条件的,依法减轻或者从轻处罚的意见;⑦违法事实不清的,提出继续调查的意见;⑧发现应当由其他行政机关处理的,提出移送的意见;违法行为已构成犯罪的,提出移送司法机关追究刑事责任的意见;⑨依法提出的其他处理意见。

3.听证会组成人员有不同意见的,应如实报告。

二十五、气象重大行政执法决定法制审核意见表

气象重大行政执法决定法制审核意见表是气象主管机构在作出重大行政处罚决定前,对其合法性、适当性进行审核时使用的文书,是内部法律文书。在作出重大行政处罚决定时此文书是必用文书。

1.写明案由、承办机构名称、立案时间、送审时间,如需补充材料或补充调查的写明退卷时间。

2.违法事实及处理意见。写明违法时间、地点、违法标的物数额以及违法行为的性质等。承办人拟作出行政处罚决定依据的法律、法规的具体条、款、项、目及处罚的种类、幅度和数额。

3.送审材料清单。承办机构在送审时应当提交以下材料:

(1)行政处罚的案件调查终结报告。

(2)行政执法决定建议、理由、依据。

(3)行政执法文书。

(4)相关证据材料、执法过程中的音像记录。

(5)其他需提交的材料。

审核机构认为提交材料不齐全的，可以要求承办机构在指定时间补充提交。

4.审核意见及综合意见。由审核人逐项填写，审核结束后签名并写明审核日期。

5.审核机构负责人意见。本级气象主管机构负责人审批意见填写“同意”或“暂不同意”“不同意”，暂不同意、不同意说明理由，签字并写明审核日期。

6.审核机构在收到气象重大行政执法决定送审材料后，应当在七个工作日内审核完毕。案件复杂的，经气象主管机构负责人批准可以延长五个工作日。

二十六、行政处罚决定审批表

行政处罚决定审批表是对需要进行行政处罚的案件履行处罚决定审批手续时使用的法律文书，是内部法律文书。此文书是必用文书。

1.写明被处罚单位（人）的全称，统一社会信用代码（身份证号）。

2.写明被处罚单位的注册地址或被处罚人的居住地。

3.写明违法时间、地点、违法标的物数额以及违法行为性质等。要求完整叙述违法事实，不能过于简单，定性要准确。

4.要求写明违法行为违反的、拟作出行政处罚决定依据的法律、法规、规章的具体条、款、项、目。

5.写明处罚种类、幅度和数额。罚没款数额应当用中文大写表述。

6.此文书一般直接填写，案情复杂的案件也可按照文书格式使用打印件，但签字必须为手写。

二十七、行政处罚决定书

行政处罚决定书是气象主管机构将行政处罚决定通知被处罚相对人时使用的法律文书。此文书是必用文书。

1.写明被处罚单位（人）的全称。

2.写明被处罚单位的注册地址或被处罚人的居住地。

3.写明违法时间、地点、违法标的物数额以及违法行为性质等。要求完整叙述违法事实，不能过于简单，定性要准确。

4.写明违反法律的名称及违反法律的具体条款，一般是禁止性或义务性条款，没有相应的禁止性或义务性条款的，应当写明违反法律的有关规定。

5.写明处罚依据的法律名称及处罚依据的具体条款，一般是法律责任条款。没有相应法律责任条款的不得处罚。

6.写明处罚种类、幅度和数额。罚没款数额应当用中文大写表述。处罚决定有多项的，应当分项写明。

7.告知当事人提起行政复议的部门或提起行政诉讼的法院名称。

复议机关为该部门的本级人民政府或上级气象主管机构，而不是本级人民政府法制部门。

8. 要求加盖气象主管机构印章，写明成文日期。

9. 对当事人实施行政处罚应当责令其改正或限期改正。

10. 行政处罚决定书一经送达即产生法律效力，气象主管机构不能以任何理由变更处罚决定内容，即不能减免罚款和没收违法所得的数额。当事人拒不执行的，申请人民法院强制执行。法院强制执行不到位的，在结案审查表中记明情况。

二十八、现场处罚决定书

现场处罚决定书是对案情简单、违法事实清楚、证据确凿的违法案件，按照简易程序依法当场作出处罚决定的法律文书。此文书是实施现场处罚的必用文书。

1. 写明被处罚单位(人)全称。

2. 写明违法行为发生的具体地点。

3. 写明违法事实。根据《行政处罚法》《气象行政处罚办法》的规定，给予现场处罚的，应当是情节简单，违法事实清楚，证据确凿，没有必要进一步调查取证的违法行为。

4. 写明违反法律的名称及违反法律的具体条款，一般是禁止性或义务性条款，没有相应的禁止性或义务性条款的，应当写明违反法律的有关规定。

5. 写明处罚依据的法律名称及处罚依据的具体条款，一般是法律责任条款。没有相应法律责任条款的不得处罚。

6. 写明处罚方式和数额。罚款数额应当用中文大写表述。根据《行政处罚法》《气象行政处罚办法》的规定，处罚方式只限于警告和一定数额的罚款，其他方式的行政处罚不能现场进行。

7. 告知当事人提起行政复议的部门或提起行政诉讼的法院名称。

8. 行政执法人员签名或盖章，并写明处罚日期。

9. 当事人签名或盖章。

10. 加盖气象主管机构印章。

11.《现场处罚决定书》应当当场交付当事人。

二十九、行政处理告知书

行政处理告知书是对实名举报(申诉、投诉)人反馈处理结果时使用的法律文书。此文书是择用文书。

1. 写明举报(申诉、投诉)人全称。

2. 写明气象主管机构收到举报、申诉、投诉的时间、案由。

3. 写明气象主管机构已作出的行政处理结果。

4. 写明告知时间，加盖气象主管机构印章。

三十、延期(分期)缴纳罚款审批表

延期(分期)缴纳罚款审批表是气象主管机构作出行政处罚决定后,当事人无法按期一次性缴纳全部罚款,对书面提交的分(延)期缴纳罚款申请进行审查时使用的法律文书,是内部法律文书。此文书是择用文书。

1.案件名称。要求写明案件全称"违法主体+违法行为+案"。

2.处罚决定书文号。要求与行政处罚决定书一致。

3.要求写明当事人全称、详细地址。

4.违法事实及处罚决定。要求写明违法时间、地点、违法标的物数额以及违法行为性质;处罚依据的法律名称及处罚依据的具体条款,处罚金额应当用中文大写表述。

5.当事人申请延期(分期)缴纳罚款的理由。要求写明当事人向作出行政处罚决定的气象主管机构提出分(延)期缴纳罚款书面申请的理由。载明不能按期缴纳罚款的原因以及分(延)期缴纳罚款的具体步骤或期限并附以必要的证明材料。

6.承办意见。要求写明承办人对当事人提供的有关情况进行调查核实的结果及处理意见。

7.承办机构审核意见。承办机构负责人审核当事人的申请理由是否成立,作出是否同意分(延)期缴纳罚款的初审意见,一般为行政执法总队、行政执法支队、行政执法大队的各级负责人填写并签名。

8.气象主管机构负责人审批意见。本级气象主管机构负责人或分管领导填写,对是否同意分(延)期作出批准并签名。

当事人申请分(延)期缴纳罚款,一般必须符合以下三个条件:第一,当事人必须"确有经济困难"而不是故意拒绝缴纳罚款。第二,分(延)期缴纳罚款必须是当事人维持生计所必需。如果当事人存在经济困难情形,但缴纳罚款并不会对当事人经济情况或者生活情况产生大的影响,则不符合分(延)期缴纳罚款的条件。第三,当事人必须向作出行政处罚决定的行政机关提出分(延)期缴纳罚款的申请。如果没有当事人的申请,行政机关不能以职权判定当事人存在经济困难,并作出分(延)期缴纳罚款的决定。

经过审查,如果认为当事人申请延期或者分期缴纳罚款的理由不成立,应予驳回;如果认为当事人的申请理由成立,应作出批准予以延期或者分期缴纳罚款的决定。批准决定应以决定书的形式,送达当事人。

三十一、延期(分期)缴纳罚款决定书

延期(分期)缴纳罚款决定书是气象主管机构经过严格审查后,认为当事人符合法律规定的条件的,应当依法作出准予延期或者分期缴纳罚款决定时使用的文书。

此文书是择用文书。

1.要求写明当事人单位(人)全称。

2.要求写明作出行政处罚决定书的文号及送达当事人的时间及处罚金额,金额用中文大写表述。

3.要求写明当事人提出申请的时间及气象主管机构作出延期(分期)缴纳罚款的决定事项。

4.写明告知时间,加盖气象主管机构印章。

延期或分期缴纳的时间和期限目前无明确法律规定,应根据当事人的经济状况和支付能力来判断,由承办部门、法规部门、分管负责人、主要负责人等按照公平、公正、合理的原则进行集体讨论决定,原则上不宜超过一年。延期或者分期缴纳罚款的期限过长,不仅会造成罚款决定执行程序的迟延,且无法防止当事人以延期或者分期缴纳为名达到拖延罚款决定执行程序的目的。

分期缴纳罚款一般可以分为二至五期;当事人确有特殊困难的,可以适当增加期数,但增加的期数不宜超过五期。大体上罚款金额未满十万元(含),可以分为二至五期。

三十二、决定催告书

决定催告书是当行政处罚决定作出后,自送达之日算起,当事人在法定期限内不申请行政复议或者不提起行政诉讼,又不履行行政决定时,没有行政强制执行权的行政机关自期限届满之日起三个月内,在申请人民法院强制执行决定前,执法机关履行行政决定催告时用的法律文书。此文书在决定申请法院强制执行时是必用文书。

1.写明被催告单位(人)全称。

2.写明《行政处罚决定书》的文号及送达日期。

3.写明催告事项。

4.告知当事人提起陈述、申辩的部门。

5.写明作出催告决定日期,加盖气象主管机构印章。

催告通知书签收之日起,在当事人没有异议的情况下,十日内仍不履行决定的,气象主管机构才能作出申请法院强制执行的决定。

三十三、强制执行申请书

强制执行申请书是在当事人逾期不履行行政处罚决定,又不申请复议或不提起诉讼的情况下,由气象主管机构向有管辖权的人民法院申请强制当事人执行已生效的行政处罚决定的法律文书。此文书在决定申请法院强制执行时是必用文书。

1.管辖法院。应当向作出行政处罚的气象主管机构所在地法院或申请执行标的不动产所在地的人民法院致送申请。

2.案由。按项填写，尤其注明《行政处罚决定书》的文号及送达日期。

3.申请执行项目。写明未得到执行的处罚内容。

4.要求加盖气象主管机构印章。

三十四、送达回证

送达回证是记录执法机关将执法文书已送达当事人的文书。此文书是必用文书。

1.写明受送达的行政管理相对人的全称、送达地址。

2.写明送达文件和文号。

3.送达文书包括证据登记保存通知书、解除证据登记保存通知书、协助调查函、责令整改通知书、责令停止违法行为通知书、限期整改决定书、行政处罚告知书、听证告知书、通知书、听证通知书、行政处罚决定书、延期(分期)缴纳罚款决定书、决定催告书等。

几种文书不得共用一张送达回证。

4.送达方式包括直接送达、邮寄送达(必须中国邮政)、留置送达、公告送达、传真、电子邮件等方式送达。

5.写明送达时间，并由受送达人签名或盖章。

6.受送达人拒签的情况下，注明留置的原因及证人情况。邮寄送达的须粘贴邮寄凭证。

三十五、授权委托书

授权委托书是气象主管机构负责人委托行政执法人员代表本级气象主管机构向有管辖权的人民法院申请行使强制当事人执行已生效的行政处罚决定时出具委托的法律文书。此文书是择用文书。

1.委托单位。作出行政处罚决定的气象主管机构。

2.法定代表人。气象主管机构主要负责人。

3.诉讼代理人。写明被委托人姓名，单位、职务、联系电话。

4.委托事项。写明被强制执行当事人的全称。

5.委托权限。写明被委托人行使的全部职责和责任。

6.委托人签名，写明委托日期，加盖气象主管机构印章。

三十六、结(销)案报告

结(销)案报告是案件处理终结时由承办人制作的关于案件办理全过程的文字综合报告，是内部法律文书。此文书是必用文书。

1.结案报告应当写明以下几项内容：

(1)案发时间、地点及当事人基本情况。

(2)立案调查、审理情况及主要违法事实。

(3)行政处罚及执行情况。

(4)结(销)案的理由。

(5)气象主管机构负责人意见及签名。

2.结案报告主要适用下列几种情况

(1)上级气象主管机构交办的案件。

(2)跨行政区域移送的案件。

(3)案情复杂或有重大影响及涉外案件。

(4)经行政复议或人民法院审理判决的案件。

(5)较大数额处罚的案件。

(6)经过听证的案件。

(7)申请强制执行的案件。

(8)经调查终结认为违法行为轻微,依法不需要给予行政处罚的案件。

(9)违法行为构成犯罪需追究刑事责任,已移送司法机关的案件。

(10)经调查违法事实不能成立的案件。

三十七、结(销)案审查表

结(销)案审查表是气象行政执法案件办理完毕后,履行结(销)案手续时使用的法律文书,是内部法律文书。此文书是必用文书。

1.案由。写明违法行为主体和违法行为。

2.执行情况。写明执行方式和结果。实际执行内容与处罚决定不一致时,需在文书中记明。

3.结(销)案理由。由承办人填写并签名。

4.承办机构审核意见。承办机构负责人填写并签名。

5.本级气象主管机构负责人审批意见。由气象主管机构负责人填写,要求写明同意或不同意,并签名。

三十八、备考表

备考表是根据管理要求,在文书归档时附在案卷最后的文书(封底)。此文书是必用文书。

1.要求写明卷内共有多少文件和总计页数。

2.有特殊情况说明的,要在卷内有关情况说明栏中写明。

如因原件破损,××页使用的是复印件。

卷内材料均为纸质,材料齐全完整,内容无修改和补充。

3. 立卷人。案卷具体承办人。

三十九、责令整改通知书(行政检查用)

责令整改通知书是气象行政执法人员在行政检查过程中发现涉嫌违反相关气象法律、法规,行为轻微,可以及时纠正或排除隐患,未造成社会影响和损失,可不予行政处罚的,由气象主管机构对其提出具体要求时使用的文书。此文书是择用文书。

1. 要求写明被整改单位(人)全称。

2. 要求写明具体违法行为和标的物的名称。

3. 要求写明违反法律、法规、规章的名称和具体的条款项。

4. 要求写明责令整改所依据的法律、法规、规章名称和具体的条款。

5. 要求写明整改事项。

6. 要求加盖气象主管机构印章,写明成文日期。

四十、督办通知书(执法监督用)

督办通知书是上级气象主管机构对下级气象主管机构在本行政区域内的气象行政执法监督检查工作中提出具体要求时使用的内部文书。此文书是择用文书。

1. 要求写明被督办单位全称。

2. 要求写明督办事项。

3. 要求写明具体督办要求。

4. 要求加盖督办单位印章,写明成文日期。

第二节　案卷归档要求

1. 一案一卷。

2. 使用统一规范的案卷封面。

3. 卷内目录和备考表填写规范。

4. 卷内材料排列有序。原则上按办案过程顺序排列文书,也可将处罚决定书和结案报告放在卷首。

5. 卷内材料有页号。

6. 装订整齐无金属物。

7. 纸张无破损、大小规格统一。

8. 卷内文字应当使用钢笔、签字笔或毛笔,当事人提供的材料使用铅笔或圆珠笔的,入卷前应予复印。

附录 气象行政执法文书格式文本

一、气象行政处罚

(一)案卷
(二)卷内目录
(三)涉嫌违法信息登记表
(四)立案审批表
(五)现场勘验检查笔录
(六)调查询问笔录
(七)证据登记保存审批表
(八)证据登记保存通知书
(九)解除证据登记保存审批表
(十)解除证据登记保存通知书
(十一)鉴定委托书
(十二)鉴定意见书
(十三)协助调查函
(十四)案情调查终结报告
(十五)案件移送书
(十六)责令停止违法行为通知书
(十七)案件讨论记录
(十八)行政处罚告知书
(十九)陈述(申辩)笔录
(二十)听证告知书
(二十一)通知书
(二十二)听证通知书
(二十三)听证笔录
(二十四)听证报告
(二十五)气象重大行政执法决定法制审核意见表
(二十六)行政处罚决定审批表
(二十七)行政处罚决定书
(二十八)现场处罚决定书

(二十九)行政处理告知书

(三十)延期(分期)缴纳罚款审批表

(三十一)延期(分期)缴纳罚款决定书

(三十二)决定催告书

(三十三)强制执行申请书

(三十四)送达回证

(三十五)授权委托书

(三十六)结(销)案报告

(三十七)结(销)案审查表

(三十八)备考表

二、气象行政检查

责令整改通知书

三、气象行政执法监督

督办通知书

气象行政执法
案　　卷

（　　）气案〔　　〕　号

<table>
<tr><td>案件
类别</td><td colspan="3"></td></tr>
<tr><td rowspan="3">当事人
基本情况</td><td>单位名称
（姓名）</td><td colspan="2"></td></tr>
<tr><td>统一社会信用代码
（身份证）</td><td colspan="2"></td></tr>
<tr><td>地址（住址）</td><td colspan="2"></td></tr>
<tr><td>案
由</td><td colspan="3"></td></tr>
<tr><td>处
理
结
果</td><td colspan="3"></td></tr>
<tr><td>立案日期</td><td>年　月　日</td><td>结案日期</td><td>年　月　日</td></tr>
<tr><td>归档日期</td><td>年　月　日</td><td>保存期限</td><td></td></tr>
<tr><td colspan="2">归档号　　年　　号</td><td>本卷共　件　页</td><td>案件承办人：</td></tr>
</table>

注：1. 不予立案的有关文书另卷保存。

2. 案件类别一般为气象设施和气象探测环境保护、气象信息发布及传播、雷电灾害防御管理、升放气球管理、气候资源保护和利用、涉外气象活动等几类。

3. 保存期限，包括十年、三十年和永久。简易程序和无行政处罚采用十年保存；行政处罚采用三十年保存；重大行政处罚采用永久保存。

卷内目录

序号	文书材料 原编字号	形成 日期	文书材料名称	页号	备考
1					
2					
3					
4					
5					
6					
7					
8					
9					
10					
11					
12					
13					
14					
15					
16					
17					

气象行政执法
涉嫌违法信息登记表

<table>
<tr><td colspan="2">案件来源</td><td colspan="6"></td></tr>
<tr><td rowspan="6">涉嫌违法当事人</td><td rowspan="3">单位</td><td>名　称</td><td colspan="3"></td><td>法定代表人（负责人）</td><td></td></tr>
<tr><td>统一社会信用代码</td><td colspan="3"></td><td>联系电话</td><td></td></tr>
<tr><td>地　址</td><td colspan="5"></td></tr>
<tr><td rowspan="3">个人</td><td>姓　名</td><td></td><td>性　别</td><td></td><td>职　业</td><td></td></tr>
<tr><td>身份证号</td><td colspan="3"></td><td>联系电话</td><td></td></tr>
<tr><td>住　址</td><td colspan="5"></td></tr>
<tr><td colspan="2">涉嫌违法事实描述</td><td colspan="6">时间：
地点：
违法事实：

违反了______________________________的规定。</td></tr>
<tr><td colspan="2">证据材料</td><td colspan="6">1.
2.
3.</td></tr>
<tr><td colspan="2">处理意见</td><td colspan="6">承办人（签名）：　　　　　　　　年　　月　　日</td></tr>
</table>

注：案件来源一般为现场检查、接到举报、上级交办、其他机关移送等。

气象行政执法
立案审批表

（　　）气立案〔　　〕　　号

案件类别	
案件来源	
案情摘要	
案件承办人员意见	承办人（签名）：　　　　年　　月　　日
承办机构审核意见	承办机构负责人（签名）：　　　　年　　月　　日
法制机构审核意见	审核人（签名）：　　　　年　　月　　日
本级气象主管机构负责人审批意见	批准人（签名）：　　　　年　　月　　日

注：1. 案件来源一般为现场检查、接到举报、上级交办、其他机关移送等。

2. 法制机构意见栏由地（市）级以上气象主管机构的法制机构填写，县级气象主管机构本栏可不填写。

气象行政执法
现场勘验检查笔录

共　　页第　　页

检查时间：________年____月____日____时______分至______日______时______分

被检查单位(人)：________________________法定代表人：____________

被检查单位现场负责人：________________性别：______职务：________

身份证号：________________________________电话：________

地址(住址)：____

检查场所：____

检查人：________________________记录人：____________

我们是______________气象局行政执法人员________、________，证件号码为________、________，这是我们的执法证件(出示证件)。我们依法向你了解有关情况，请配合。

检查情况：____

____

____

____

____

被检查单位(人)对检查的意见：________________________

被检查单位现场负责人或被检查人签名或押印：________________

检查人签名：________________记录人签名：________________

年　月　日　时　分

气象行政执法
调查询问笔录

共　　页第　　页

调查(询问)时间:________年____月____日____时____分至____日____时____分

调查(询问)地点:________________________________

调查(询问)人:________________记录人:________________

被调查(询问)人:____________性别:______身份证号:____________

工作单位:____________职务:________电话:________

地址(住址):________________________________

我们是________________气象局行政执法人员________、________,证件号码为________、________,这是我们的执法证件(出示证件)。我们依法向你了解有关情况,请配合,如实回答我们的提问。同时,你也有陈述、申辩和申请回避的权利。

____

____

____

____

____

被调查(询问)人意见:________________________________

被调查(询问)人签名或押印:________________年　　月　　日　　时　　分

调查(询问)人签名:________________年　　月　　日　　时　　分

记录人签名:________________年　　月　　日　　时　　分

____

注:被调查(询问)人应在笔录逐页签名或押印,如有涂改之处,应在涂改之处签名或押印,并在笔录终了处注明“以上笔录经核对无误”字样和调查结束时间。

气象行政执法
证据登记保存审批表

<table>
<tr><td rowspan="4">被保存物品持有（所有）人</td><td>单位名称（姓名）</td><td colspan="2"></td><td>法定代表人</td><td></td></tr>
<tr><td>现场负责人</td><td colspan="2"></td><td>职务</td><td></td></tr>
<tr><td>身份证号</td><td colspan="2"></td><td>电话</td><td></td></tr>
<tr><td>地址（住址）</td><td colspan="4"></td></tr>
<tr><td rowspan="7">保存物品清单</td><td>名称</td><td>规格型号</td><td>单位</td><td>数量</td><td>备注</td></tr>
<tr><td></td><td></td><td></td><td></td><td></td></tr>
<tr><td></td><td></td><td></td><td></td><td></td></tr>
<tr><td></td><td></td><td></td><td></td><td></td></tr>
<tr><td></td><td></td><td></td><td></td><td></td></tr>
<tr><td></td><td></td><td></td><td></td><td></td></tr>
<tr><td></td><td></td><td></td><td></td><td></td></tr>
<tr><td>案件承办人员意 见</td><td colspan="5">承办人（签名）：　　　　年　　月　　日</td></tr>
<tr><td>承办机构审核意见</td><td colspan="5">承办机构负责人（签名）：　　　　年　　月　　日</td></tr>
<tr><td>本级气象主管机构负责人审批意见</td><td colspan="5">批准人（签名）：　　　　年　　月　　日</td></tr>
</table>

注：县级气象主管机构办理的案件，其批准人与承办机构负责人可以为同一人。

气象行政执法
证据登记保存通知书

（　　　）气存〔　　〕　　号

……………………………………………………：

因……………………………………………………案件调查的需要，为确保调查取证工作，依据《中华人民共和国行政处罚法》第五十六条的规定，我局决定对你（单位）的下列证据清单物品予以登记保存。登记保存期间，不准使用、销售或转移，不得改变其原有状态。

登记保存期限：……………………年……………月……………日至……………年……………月……………日

登记保存地点：……………………………………………………………………………………

证据登记保存物品清单

序号	名　称	规格型号	单位	数量	备注

（印　　章）

被保存物品所有（持有）人签名或押印：　　　　　　　　年　　月　　日

……………………………………………………………………………………………………

注：本文书一式两份，一份交当事人，一份留存。

气象行政执法
解除证据登记保存审批表

<table>
<tr><td rowspan="4">被解存物品持有（所有）人</td><td>单位名称（姓名）</td><td colspan="2"></td><td colspan="2">法定代表人</td><td colspan="2"></td></tr>
<tr><td>现场负责人</td><td colspan="2"></td><td colspan="2">职务</td><td colspan="2"></td></tr>
<tr><td>身份证号</td><td colspan="2"></td><td colspan="2">电话</td><td colspan="2"></td></tr>
<tr><td>地址（住址）</td><td colspan="6"></td></tr>
<tr><td rowspan="7">解存物品清单</td><td colspan="2">名称</td><td>规格型号</td><td colspan="2">单位</td><td>数量</td><td>备注</td></tr>
<tr><td colspan="2"></td><td></td><td colspan="2"></td><td></td><td></td></tr>
<tr><td colspan="2"></td><td></td><td colspan="2"></td><td></td><td></td></tr>
<tr><td colspan="2"></td><td></td><td colspan="2"></td><td></td><td></td></tr>
<tr><td colspan="2"></td><td></td><td colspan="2"></td><td></td><td></td></tr>
<tr><td colspan="2"></td><td></td><td colspan="2"></td><td></td><td></td></tr>
<tr><td colspan="2"></td><td></td><td colspan="2"></td><td></td><td></td></tr>
<tr><td>案件承办人员意 见</td><td colspan="7">承办人（签名）：　　　　年　　月　　日</td></tr>
<tr><td>承办机构审核意见</td><td colspan="7">承办机构负责人（签名）：　　　　年　　月　　日</td></tr>
<tr><td>本级气象主管机构负责人审批意见</td><td colspan="7">批准人（签名）：　　　　年　　月　　日</td></tr>
</table>

注：县级气象主管机构办理的案件，其批准人与承办机构负责人可以为同一人。

气象行政执法
解除证据登记保存通知书

（　　）气解〔　　〕　号

……………………………………………………：

你(单位)的下列清单物品，依法于＿＿＿＿年＿＿＿月＿＿＿日予以登记保存，见(　　　)气存〔　　　〕　号。经研究决定解除登记保存，作如下处理：

1. ……………………………………………………

2. ……………………………………………………

解除证据登记保存物品清单

序号	名　称	规格型号	单位	数量	存放地点

(印　　章)

被解除保存物品持有(所有)人签名或押印：　　　　年　　月　　日

……………………………………………………

注：本文书一式两份，一份交当事人，一份留存。

气象行政执法
鉴定委托书

……………………………………：

因调查案件的需要，我局现委托你（单位）对下列内容进行鉴定。

鉴定内容：……………………………………………………………………

……………………………………………………………………………………

……………………………………………………………………………………

……………………………………………………………………………………

……………………………………………………………………………………

鉴定要求：……………………………………………………………………

……………………………………………………………………………………

……………………………………………………………………………………

……………………………………………………………………………………

……………………………………………………………………………………

请于______年______月______日前向我局提供鉴定结果。

（印　章）

年　月　日

……………………………………………………………………………………

注：本文书一式两份，一份送鉴定机构，一份留存。

气象行政执法
鉴定意见书

<table>
<tr><td>案　由</td><td colspan="4"></td></tr>
<tr><td>鉴定内容
及目的</td><td colspan="4"></td></tr>
<tr><td>委托机关</td><td colspan="4"></td></tr>
<tr><td>受委托单位(人)</td><td colspan="4"></td></tr>
<tr><td>鉴定人姓名</td><td>单位</td><td>职务(职称)</td><td>专业</td><td>联系方式</td></tr>
<tr><td></td><td></td><td></td><td></td><td></td></tr>
<tr><td></td><td></td><td></td><td></td><td></td></tr>
<tr><td></td><td></td><td></td><td></td><td></td></tr>
<tr><td></td><td></td><td></td><td></td><td></td></tr>
<tr><td>时　间</td><td>年　月　日</td><td>地　点</td><td colspan="2"></td></tr>
<tr><td>鉴
定
意
见</td><td colspan="4"></td></tr>
<tr><td colspan="5">(鉴定人签名或者鉴定单位印章)
年　月　日</td></tr>
<tr><td colspan="5">备注:</td></tr>
</table>

注:本文书适用于受委托单位(人)无固定格式鉴定意见书的情况。鉴定人意见不一致的,应说明不一致的理由。

气象行政执法
协助调查函

（　　）气协查函〔　　〕　　号

……………………………………：

我局在处理……………………………………………………案中，需核实（查询）……………………………，现请你单位协助予以调查核实下列事项：

………………………………………………………………………………

………………………………………………………………………………

………………………………………………………………………………

………………………………………………………………………………

………………………………………………………………………………

………………………………………………………………………………

请于…………年……月……日前向我局提供书面调查结果。

联系人：　　　　　　　　　　联系电话：

（印　章）

年　　月　　日

………………………………………………………………………………

注：本文书一式两份，一份送协助调查机构，一份留存。

气象行政执法
案情调查终结报告

共　　页第　　页

案由：……………………………………………………………………

案件来源：……………………………立案时间：…………年…………月…………日

当事人基本情况：……………………………………………………

……………………………………………………………………

案件调查情况：……………………………………………………

……………………………………………………………………

……………………………………………………………………

……………………………………………………………………

本案证据材料如下：

1. ……………………………………………………………………

2. ……………………………………………………………………

3. ……………………………………………………………………

以上证据均有当事人签字或盖章认可。

案件承办人员意见：……………………………………………………

本案调查终结。

承办人(签名)：

年　　月　　日

气象行政执法
案件移送书

（　　）气移〔　　〕　号

……………………………………………：

经我局审查，…………………………………………………………………………

……………………………………………一案，因…………………………………

……………………………………………………，根据…………………………

……………………………………………………………规定，移送贵单位对该案进一步处理。处理后，请将处理结果书面转告我局。

附：该案件有关材料　　份　　页

（印　　章）

年　　月　　日

……………………………………………………………………………………

注：本文书一式两份，一份交受移送单位，一份留存。

气象行政执法
责令停止违法行为通知书

（　　　）气责停〔　　　　〕　　号

……………………………………：

你(单位)……………………………………，

违反了……………………………………，

依据……………………………………的规定，

现责令你(单位)立即停止下列违法行为：

……………………………………

……………………………………

……………………………………

执法人员：……………………行政执法证号：……………………

执法人员：……………………行政执法证号：……………………

（印　章）

年　　月　　日

……………………………………

注：本文书一式两份，一份交当事人，一份留存。

气象行政执法
案件讨论记录

共　　页第　　页

案由：

时间：　　年　　月　　日　　时　　分至　　时　　分

地点：

主持人：

出席人员姓名及职务：

列席人员姓名及职务：

讨论记录：

（续　页）

共　　页第　　页

案件处理意见：

出席人员签名：

年　　月　　日

气象行政执法
行政处罚告知书

(　　　)气罚告〔　　　〕　　号

被告知单位(人):____法定代表人__________________

性别:______年龄:______电话:________________地址(住址):________________________________

告知内容:我们是________________________气象局的执法人员____________、____________,执法证件号____________、____________现告知你以下事项:

1.违法事实:____

____

____

2.以上事实已违反____

依据____

的规定,将给予以下行政处罚:____

____

____

3.对上述告知内容,你(单位)有陈述、申辩的权利。如要求陈述、申辩,你(单位)在收到本通知之日起三日内,向我局提出书面陈述、申辩意见。逾期未提出的,视为放弃此权利。

我局地址:________________________________邮政编码:________________

联系人:________________________________电话:________________

(印　　章)

年　　月　　日

____

注:本文书一式两份,一份交当事人,一份留存。

气象行政执法
陈述(申辩)笔录

共　　页第　　页

陈述(申辩)时间：______年____月____日____时____分至____日____时____分

陈述(申辩)地点：________________

陈述(申辩)人：____________身份证号：________

工作单位：____________职务：______电话：______

地址(住址)：____________与本案关系：________

记录人：____________工作单位：________

陈述(申辩)的目的、事实和理由：________________

陈述(申辩)人签名或押印：__________记录人签名：__________

注：陈述(申辩)人应在笔录逐页签名或押印，如有涂改之处，应在涂改之处签名或押印，并在笔录终了处注明“以上笔录经核对无误”字样。

气象行政执法
听证告知书

（　　　）气听告〔　　　〕　　号

……………………………………：

由我局立案调查的……………………………………一案，已经我局调查终结。依据……………………………………的规定，现将我局拟对你（单位）作出行政处罚的事实、理由及依据告知如下：

……………………………………………………………………………………

……………………………………………………………………………………

……………………………………………………………………………………

……………………………………………………………………………………

……………………………………………………………………………………

……………………………………………………………………………………

……………………………………………………………………………………

……………………………………………………………………………………

根据《中华人民共和国行政处罚法》第六十三条规定，你（单位）有要求举行听证的权利。如要求举行听证的，请在收到此通知之日起五日内向我局提出。逾期未提出的，视为放弃上述权利。

本局地址：……………………………………邮政编码：……………………

联系人：……………………………………电话：……………………

（印　章）

年　　月　　日

……………………………………………………………………………………

注：本文书一式两份，一份交当事人，一份留存。

气象行政执法
通　知　书

(　　　　)气通〔　　　　〕　　号

被通知单位	
被通知人	
通知事项	
应到时间	年　　月　　日　　时
应到处所	
注　意 事　项	1. 被通知人应持此通知准时到达应到处所。 2. 被通知人可以委托代理人参加，委托代理人应持书面委托书。
(印　　章) 年　　月　　日	

注：本文书一式两份，一份交当事人，一份留存。

气象行政执法
听证通知书

(　　　)气听通〔　　〕　号

______________________________:

根据《中华人民共和国行政处罚法》第六十三条的规定，并应你（单位）的听证要求，我局决定就______________________________一案举行行政处罚听证会，具体如下：

一、时间：______________________________

二、地点：______________________________

三、主持人：______________________________

四、记录人：______________________________

请你（单位）届时凭本通知准时参加，并做好以下准备：

1. 携带身份证明和有关证据材料；

2. 可委托一至两名代理人参加，委托代理人应持书面委托书；

3. 如申请主持人回避，须及时告知我局并说明理由。

4. 如申请延期举行，应在　　月　　日前向我局提出并说明理由，由我局决定是否延期。

届时若无故缺席，视为放弃听证。

联系人：______________联系电话：______________

（印　章）

年　　月　　日

注：本文书一式两份，一份交当事人，一份留存。

气象行政执法
听证笔录

共　　页第　　页

听证时间：__________年______月______日______时______分至______时______分

听证地点：______________________________

听证主持人：______________________职务：______________________

记录人：______________________翻译：______________________

案件承办人：______________单位：______________________

听证申请单位：______________地址（住址）：______________________

法定代表人（人）：______________性别：__________年龄：__________

工作单位及职务：______________________电话：______________

委托代理人（1）：______________性别：______年龄：______电话：______

工作单位及职务：______________________________

委托代理人（2）：______________性别：______年龄：______电话：______

工作单位及职务：______________________________

其他参加人：______________性别：______年龄：______电话：______

工作单位及职务：______________________________

听证记录：______________________________

____

____

____

____

____

____

____

听证主持人签名：______________________________

听证参加人签名或押印：______________________________

注：听证申请人应在笔录逐页签名或押印，如有涂改之处，应在涂改之处签名或押印；并在笔录终了处注明“以上笔录经核对无误”字样和听证结束时间。

气象行政执法
听证报告

<table>
<tr><td>案件名称</td><td colspan="3"></td></tr>
<tr><td>主持人</td><td></td><td>记录人</td><td></td></tr>
<tr><td>听证时间</td><td></td><td>听证地点</td><td></td></tr>
<tr><td>听证会
基本情况</td><td colspan="3"></td></tr>
<tr><td>当事人
意见</td><td colspan="3"></td></tr>
<tr><td>主持人意见
（听证结论）</td><td colspan="3">主持人(签名)：　　　　年　　月　　日</td></tr>
</table>

气象重大行政执法决定
法制审核意见表

（　　　）气法审〔　　　〕　号

<table>
<tr><td>案　由</td><td colspan="3"></td></tr>
<tr><td>案件承办
机构</td><td></td><td>立案时间</td><td></td></tr>
<tr><td>送审时间</td><td></td><td>退卷时间</td><td></td></tr>
<tr><td>违法事实
及处理意见</td><td colspan="3">承办人(签名)：

年　　月　　日</td></tr>
<tr><td>送审材料
清单</td><td colspan="3"></td></tr>
</table>

续　页

<table>
<tr><td rowspan="10">审核意见</td><td>审核事项</td><td>审核意见</td></tr>
<tr><td>1.行政执法主体是否合法，行政执法人员是否具备执法资格</td><td></td></tr>
<tr><td>2.行政执法程序是否合法</td><td></td></tr>
<tr><td>3.案件事实是否清楚，证据是否合法充分</td><td></td></tr>
<tr><td>4.适用法律、法规、规章是否准确，裁量基准运用是否适当</td><td></td></tr>
<tr><td>5.执法是否超越执法主体法定权限</td><td></td></tr>
<tr><td>6.行政执法文书是否完备、规范</td><td></td></tr>
<tr><td>7.违法行为是否涉嫌犯罪，需要移送司法机关</td><td></td></tr>
<tr><td>8.其他应当审查的内容</td><td></td></tr>
<tr><td colspan="2">综合意见：
同意　(　　)
补充调查或改正(　　)
不同意作出气象行政执法决定(　　)
移送______________执法部门或司法机关处理(　　)
审核人(签名)：　　　　　　　　年　　月　　日</td></tr>
<tr><td>审核机构负责人意见</td><td colspan="2">负责人(签名)：　　　　　　　　年　　月　　日</td></tr>
</table>

注：“综合意见”处在对应意见后的括号内打“√”。

气象行政执法
行政处罚决定审批表

<table>
<tr><td>被处罚单位(人)</td><td colspan="3"></td><td>统一社会信用代码(身份证)</td><td></td></tr>
<tr><td>法定代表人</td><td></td><td>性别</td><td></td><td>电　话</td><td></td></tr>
<tr><td>地址(住址)</td><td colspan="5"></td></tr>
<tr><td>违法事实
法律依据
处罚决定</td><td colspan="5">承办人(签名):
承办机构负责人(签名):
年　　月　　日</td></tr>
<tr><td>处罚决定
法制机构
审核意见</td><td colspan="5">审核人(签名):　　年　　月　　日</td></tr>
<tr><td>本级气象主管
机构负责人
审批意见</td><td colspan="5">批准人(签名):　　年　　月　　日</td></tr>
</table>

气象行政执法
行政处罚决定书

(　　)气罚〔　　〕　　号

被处罚单位(人)：……………………………………法定代表人：……………………

性别：……………………年龄：……………………电话：……………………

地址(住址)：……………………………………………………………………

违法事实：……………………………………………………………………

……………………………………………………………………………………

以上事实已违反……………………………………

依据……………………………以及江西省气象局行政处罚裁量权执行标准的规定，现作出下列行政处罚决定：

……………………………………………………………………………………

请你(单位)自接到本决定书之日起十五日内，到……………………………………缴纳罚款。依据《中华人民共和国行政处罚法》第七十二条的规定，到期不缴纳罚款的，每日按罚款数额的3%加处罚款。到期不履行处罚决定的，我局将申请人民法院强制执行。如对以上行政处罚不服，可在接到本决定书之日起六十日内，向……………………………申请复议或者在接到本决定书之日起六个月内向……………………………人民法院起诉。

(印　　章)

年　　月　　日

……………………………………………………………………………………

注：本文书一式两份，一份交当事人，一份留存。

气象行政执法
现场处罚决定书

(　　)气现罚〔　　〕　号

……………………………………：

你(单位)在……………………………………………………………………，

违反了……………………………………………………………………………

的规定，依据……………………………………………………以及江西省

气象局行政处罚裁量权执行标准的规定，现给予下列行政处罚：

……………………………………………………………………………

……………………………………………………………………………

……………………………………………………………………………

……………………………………………………………………………

……………………………………………………………………………

除依法当场收缴罚款以外，请你(单位)自接到本决定书之日起十五日内，到……………………

……………………………缴纳罚款。依据《中华人民共和国行政处罚法》第七十二条的规定，到期不缴纳罚款的，每日按罚款数额的3%加处罚款。到期不履行处罚决定的，我局将申请人民法院强制执行。如对以上行政处罚不服，可在接到本决定书之日起六十日内，向……………………申请复议或者在接到本决定书之日起六个月内向……………………人民法院起诉。

当事人：　　　　行政执法人员：　　　　气象主管机构

(签名或押印)　　　　(签名)　　　　(印章)

地点：　　　　　　　　年　　月　　日

注：本文书一式两份，一份交当事人，一份留存。

气象行政执法
行政处理告知书

(　　)气处告〔　　　〕　　号

________________________________:

你于________年______月______日向______________报称的______________

________________________________一案，我局经立案调查，已对被举报(投诉、申诉)人作出以下处理决定：

____

____

____

____

____

____

(印　章)

年　　月　　日

注：1. 本文书适用于对具名的举报(申诉、投诉)人反馈处理结果的情况。

2. 本文书一式两份，一份交举报(申诉、投诉)人一份留存。

气象行政执法
延期(分期)缴纳罚款审批表

<table>
<tr><td>案件名称</td><td colspan="3"></td></tr>
<tr><td>处罚决定
书文号</td><td colspan="3"></td></tr>
<tr><td>当事人</td><td></td><td>地址</td><td></td></tr>
<tr><td>违法事实
及处罚决定</td><td colspan="3"></td></tr>
<tr><td>当事人申请
延期(分期)
缴纳罚款
的理由</td><td colspan="3"></td></tr>
<tr><td>承办意见</td><td colspan="3">承办人(签名)：　　　　年　　月　　日</td></tr>
<tr><td>承办机构
审核意见</td><td colspan="3">承办机构负责人(签名)：　　　　年　　月　　日</td></tr>
<tr><td>气象主管机构
负责人审批
意见</td><td colspan="3">批准人(签名)：　　　　年　　月　　日</td></tr>
</table>

注：县级气象主管机构办理的案件，其批准人与承办机构负责人可以为同一人。

气象行政执法
延期(分期)缴纳罚款决定书

（　　）气罚延(分)缴字〔　　〕　　号

________________________：

我局作出的（　　）气罚〔　　〕　号行政处罚决定已于________年______月______日依法送达，其中对你(单位)处罚款________元。

你(单位)于________年______月______日向我局提出延期（分期）缴纳罚款的申请。经研究，依据《中华人民共和国行政处罚法》第六十六条第一项，决定：

____

____

____

____

____

依据《中华人民共和国行政处罚法》第七十二条的规定，到期不缴纳罚款的，每日按罚款数额的3%加处罚款。到期不履行处罚决定的，我局将申请人民法院强制执行。

（印　章）

年　　月　　日

注：本文书一式两份，一份交当事人，一份留存。

气象行政执法
决定催告书

（　　）气催告〔　　〕　　号

________________：

我局于________年______月______日向你（单位）送达的《行政处罚决定书》（　　）气罚〔　　〕号，已经发生法律效力。因你（单位）在法定期限内既未申请行政复议，也未提起行政诉讼，又不履行行政处罚决定书确定的法定义务。为维护法律的严肃性，根据《中华人民共和国行政强制法》第五十四条规定，现向你（单位）发出催告书，限你（单位）自收到本催告书之日起十日内履行下列义务：

____

____

逾期仍未履行义务的，我局将依法申请人民法院强制执行。

如你（单位）对上述催告内容有异议或者存在执行困难的，可在收到催告书之日起三日内向________________进行陈述、申辩。逾期未提出的，视为放弃此权利。

联系人：________________联系电话：________________

（印　　章）

年　　月　　日

注：本文书一式两份，一份交受移送单位，一份留存。

气象行政执法
强制执行申请书

（　　）气申〔　　〕　号

……………………………………人民法院：

我局对……………………………………违反……………………………………一案，已依法给予行政处罚。该案的《行政处罚决定书》（　）气罚〔　〕　号，已于　　年　　月　　日送达。由于其在法定期限内既未申请行政复议，也未提起行政诉讼，又不履行行政处罚决定书确定的法定义务，根据《中华人民共和国行政处罚法》第七十二条及《中华人民共和国行政强制法》第五十三条、第五十五条规定，向你院申请强制执行下列项目：

……………………………………………………………………………………

……………………………………………………………………………………

联系人：……………………………联系电话：……………………………

附件：1. 被申请人基本情况：

被申请执行单位（人）：……………………………

法定代表人……………性别：………年龄：………电话：……………………

地址（住址）：……………………………………………………………

2. 行政处罚决定书及作出决定的事实、理由和依据

3. 当事人意见及气象主管机构催告情况

4. 其他有关材料

（印　　章）

年　　月　　日

注：本文书适用于被申请法院无固定格式强制执行申请书的情况，一式两份，一份交法院，一份留存。